苏州地方党史知识
百题问答

中共苏州市委党史工作办公室　编著

图书在版编目(CIP)数据

苏州地方党史知识百题问答 / 中共苏州市委党史工作办公室编著. —苏州：苏州大学出版社,2021.6
ISBN 978-7-5672-3517-5

Ⅰ.①苏… Ⅱ.①中… Ⅲ.①中国共产党-基层组织-党史-苏州-问题解答 Ⅳ.①D235.53-44

中国版本图书馆 CIP 数据核字(2021)第 058328 号

苏州地方党史知识百题问答
中共苏州市委党史工作办公室　编著
责任编辑　孙佳颖

苏州大学出版社出版发行
(地址：苏州市十梓街1号　邮编：215006)
苏州市越洋印刷有限公司
(地址：苏州市吴中区南官渡路20号 邮编：215104)

开本 787 mm×1 092 mm　1/32　印张 7.125　字数 129 千
2021 年 6 月第 1 版　2021 年 6 月第 1 次印刷
ISBN 978-7-5672-3517-5　定价：48.00 元

若有印装错误,本社负责调换
苏州大学出版社营销部　电话：0512-67481020
苏州大学出版社网址　http://www.sudapress.com
苏州大学出版社邮箱　sdcbs@suda.edu.cn

目 录

1. 中国共产党的成立对马克思主义在苏州的传播有何影响？/ 1
2. 苏州五卅路的名字是怎么来的？/ 3
3. 中共苏州独立支部是何时、何地成立的？成立的意义是什么？/ 5
4. 苏州革命史上牺牲的第一位中共党员是谁？/ 7
5. "八七"会议后，苏州发生了哪些共产党领导的农民暴动？/ 9
6. 现代妇女运动的先驱者、"四一〇"惨案中牺牲在南京的吴江女共产党员是谁？/ 11
7. 苏州工人运动史上规模最大的罢工是哪一次？/ 13
8. 在苏州上空对日空战中第一位捐躯的外籍飞行员是谁？/ 15
9. "七君子事件"与苏州有何关系？/ 16
10. 苏州沦陷前后，日本侵略者对苏州人民犯下了怎样的滔天罪行？/ 18

11. 苏州地区第一支由共产党直接领导的人民抗日武装是哪支部队？/ 20
12. 新四军六团是何时由谁率领东进抗日的？/ 21
13. 新四军东进途中首次主动出击打击日军是哪一次战斗？/ 22
14. 苏常抗日游击区是怎样形成的？是怎样坚持战斗的？/ 24
15. 京剧《沙家浜》取材于哪段真实历史？/ 25
16. 江南抗日义勇军东路司令部（简称"新江抗"）是何时、何地成立的？/ 27
17. 洋沟溇战斗是场怎样的战斗？有何意义？/ 29
18. 北港庙战斗是场怎样的战斗？有何意义？/ 31
19. 苏常太抗日游击根据地是怎样建立的？有何重要意义？/ 32
20. 日伪对苏常太抗日游击根据地进行"清乡"过程中制造的最残忍的大屠杀是哪次？/ 34
21. 抗日战争胜利时苏州境内共有哪些抗日民主根据地？/ 36
22. 哪些汉奸在苏州受到了正义的审判？/ 38
23. 在反"清剿"的同时，苏州城镇人民是如何开展第二条战线的斗争的？/ 40
24. 解放前夕，苏州城区的中共地下组织统一后共有多少名党员？/ 41

25. 苏州地下党组织领导开展了哪些斗争使千年古城完整地交到人民手中？/ 42
26. 苏州是何时全境解放的？/ 44
27. 苏州解放后是如何建立起各级人民政权的？/ 46
28. 苏州解放时的城市接管工作是如何进行的？/ 48
29. 为巩固新生的人民政权，苏州采取了哪些措施？/ 50
30. 苏州地区的土地改革工作是如何进行的？/ 54
31. 抗美援朝中，苏州做出了哪些贡献？/ 56
32. 解放初期苏州在恢复和发展国民经济方面采取了哪些措施？/ 58
33. 解放后苏州为什么要开展整党运动？取得了怎样的效果？/ 60
34. 在中国共产党苏州市第一届第一次代表大会召开之前，苏州市曾召开过几次党的代表会议？/ 62
35. 苏州何时完成对生产资料私有制的社会主义改造？/ 64
36. 解放初期苏州是如何开展古典园林的修缮工作的？被国务院列为第一批全国重点文物保护单位的有哪些？/ 68
37. "一五"计划期间苏州取得了哪些主要成就？/ 70
38. 中国共产党苏州市第一届第一次代表大会是何时召开的？/ 72
39. 在对国民经济实行全面调整中，苏州采取了哪些措施？/ 74

40. 在"文化大革命"中,苏州排除干扰、克服困难,取得了哪些经济发展成果? / 78
41. 苏州是如何实现把工作重点转移到社会主义现代化建设上来的? / 81
42. 苏州推行农村家庭联产承包责任制经历了哪几个阶段? / 83
43. 改革开放初期苏州城市经济体制改革开展了哪些方面的试点工作? / 85
44. 十一届三中全会后苏州在利用外资和对外合作交往中开展了哪些尝试? / 87
45. 中共苏州市第五次代表大会是何时召开的? / 89
46. 国务院首次明确的苏州城市性质是什么? / 91
47. 20世纪80年代苏州市开展的"五讲四美三热爱"活动有哪些内容? / 93
48. 苏州是何时实行地市合并和市管县新体制的? / 95
49. 苏州以什么为契机形成了多层次的全面开放格局? / 97
50. 20世纪80年代苏州乡镇工业是怎样实现异军突起的? / 100
51. "苏南模式"是何时提出的?其内涵是什么? / 103
52. 改革开放初期苏州为实现城市工业的发展壮大实施了哪些重大举措?苏州家电工业"四大名旦"指的是什么? / 105
53. 苏州"科技兴市"战略是如何逐步提出的? / 107

54. 新时期苏州第一次全面整党是何时开展的？/ 109
55. 苏州农村第二步改革的主要内容有哪些？/ 111
56. 20世纪80年代末，苏州经济实现"农转工"的第一次历史性跨越有何含义？/ 114
57. 1985年制定的《苏州市对外开放实施方案》做出了哪些重大部署？/ 116
58. "碧溪之路"是怎么形成的？又是如何推动小城镇建设走上发展快车道的？/ 119
59. "昆山之路"由何而来？/ 122
60. 中共苏州市第六次代表大会是何时召开的？/ 125
61. 1986年国务院批复的苏州市城市总体规划中确定的苏州城市建设方针和全面保护古城风貌的具体内容是什么？/ 127
62. 苏州新区开发建设的总体规划是怎样的？/ 130
63. 中共苏州市第七次代表大会是何时召开的？/ 133
64. 苏州何时全面实施九年制义务教育？/ 135
65. 苏州获批成为"较大的市"有何意义？/ 137
66. 什么是"张家港精神"？产生了什么重大影响？/ 140
67. 什么是"园区经验"？它又有什么重大意义？/ 144
68. 中共苏州市第八次代表大会是何时召开的？/ 147
69. 苏州何时消灭了血吸虫病？/ 149
70. 为什么说在20世纪90年代苏州经济发展实现了"内转外"的第二次历史性大跨越？/ 151

71. 20世纪90年代苏州在深化与完善社会主义市场经济体制改革上主要做了哪些方面的探索？/ 154
72. 苏州是何时初步成为国内先进制造业重要基地的？/ 157
73. 苏州是何时成为全国首个国家卫生城市群的？/ 159
74. 苏州古典园林是何时被列入《世界文化遗产名录》的？/ 161
75. 中共苏州市第九次代表大会是何时召开的？/ 163
76. 苏州是何时明确提出推进农村"三大合作"改革的目标任务的？/ 165
77. 环古城风貌保护工程是何时部署的？/ 167
78. 苏州是何时实行三港合一组建苏州港的？/ 169
79. 苏州公路交通进入现代化的"高速公路时代"的标志是什么？/ 171
80. 苏州是何时开始实施第一轮民营经济腾飞计划的？/ 173
81. 平江、沧浪、金阊新城区是何时启动开发建设的？/ 175
82. 2006年4月实施的"四大行动"计划的具体内容是什么？/ 177
83. 中共苏州市第十次代表大会是何时召开的？/ 179
84. 苏州"四个百万亩"绿色农业布局是如何规划与实施的？/ 181
85. 2006年确定的"苏州城市精神"是什么？/ 183
86. 国务院是何时批准苏州城市快速轨道交通建设规划的？/ 185

87. 苏州内环快速路是何时全线贯通的？/ *187*
88. 苏州是何时被确定为全省唯一的城乡一体化发展综合配套改革试点地区的？/ *188*
89. 苏州是何时荣获"全国文明城市"称号的？/ *190*
90. 中共苏州市第十一次代表大会是何时召开的？/ *192*
91. 进入21世纪以来苏州经历了几次区划调整？/ *194*
92. 中共苏州市第十二次代表大会是何时召开的？/ *196*
93. 2016年提出的"创新四问"具体内容是什么？2017年提出的"两个标杆"与"四个名城"具体内容是什么？/ *198*
94. 苏州获得过多少次全国社会治安综合治理优秀城市称号和"长安杯"？/ *200*
95. 苏州是何时完成市县两级监察委员会的组建的？/ *201*
96. 服务业是何时成为苏州市国民经济的第一大产业的？/ *203*
97. 苏州是何时成为全国第一个"国家生态园林城市"全覆盖的设区市的？/ *205*
98. 苏州推动产业数字化有哪些部署安排？/ *207*
99. 苏州是如何全面打响"江南文化"品牌，提升文化产业的？/ *209*
100. 苏州的"十四五"经济社会发展目标是什么？2035年远景目标是什么？/ *211*

后记 / *215*

1. 中国共产党的成立对马克思主义在苏州的传播有何影响？

1921年7月,中国共产党在上海召开第一次代表大会,宣告中国共产党成立。中国共产党的成立,顺应了近代以来社会进步和革命发展的客观要求,是开天辟地的大事件。苏州紧邻中国共产党的诞生地和现代工业的中心——上海,得天独厚的地理位置使苏州成为建党初期一些著名的革命活动家经常活动的地方。他们的革命活动极大地推动了马克思主义在苏州的传播。

1923年下半年,中共上海地委兼区委委员沈雁冰为建立党组织多次来苏州考察。1923年10月14日,少年中国学会会员陈启天、杨效春、邓中夏、恽代英、刘仁静、左舜生、杨钟健等17人在苏州留园举行会议,并发表宣言,制定纲领。恽代英多次来苏州发表演讲,开展宣传活动。中共苏州独立支部成立以后,他又以私立苏州乐益女子中学(简称"乐益女中")为落脚点,在该校及公园图书馆等处进行反帝反封建的宣传活动。萧楚女也多次来苏州从事革命活动。1926年年初,他还以中共中央特派员的身份,到吴江等地视察工作。著名国民党左派人士柳亚子同许多中共党员有亲密的关系,经常邀请知名人士到吴江演讲,向青年介绍革命书籍。

公园图书馆,马克思主义在苏州传播的重要阵地之一,外地共产党人和苏州革命青年经常在这里开展活动

苏州五卅路的名字是怎么来的?

1925年,震惊中外的上海"五卅"惨案发生后,在党团员骨干叶天底、潘志春、许金元等的组织和苏州各界联合会的统一领导下,苏州掀起了长达一个多月的如火如荼的声援热潮,包括示威游行、通电声讨、追悼先烈、罢工罢课、抵制仇货等。为支援上海罢工工人,东吴绸厂工人首先发出倡议:"即日起将荤素菜一概省去,改吃咸菜、酱油汤,将省下来的钱接济上海的工人。"全市36家丝织厂工人半个月之内每天吃酱油汤、萝卜干,共节约菜金2 200多块大洋,汇寄到上海。其他行业也纷纷行动,竞相捐献。6月6日,全市各校统一行动,组成1 000余个劝募小组,分别向茶馆、书场、戏院、饭店、殷实人家及路人劝募。其中,叶天底任教的私立苏州乐益女子中学成为全市各校募捐活动的先导。上海《申报》曾有报道,"组织募捐,乐益女中成绩最优"。9日,苏州学联将首批募集的6 000块大洋送交上海工人。6月中旬,又募款近5 000块大洋。

在工人、学生爱国热情的感召下,商界、文艺界、市民公社等各界人士也纷纷解囊,共募集捐款近2万块大洋,全部捐至上海市总商会。后上海市总商会退还6 000块大洋。7月10日,苏州各界联合会决定,用这笔余款将马军弄拓宽成大路,并取名"五卅路",永志纪念。

苏州人民用上海市总商会退还的捐款将马军弄拓宽成大路，并取名"五卅路"，以志纪念

中共苏州独立支部是何时、何地成立的？成立的意义是什么？

1923年7月，中共上海地方委员会兼江浙区执行委员会（简称"中共上海地委"）在讨论外埠组织工作时，将苏州列入建党计划。之后，陆续派出党员到苏州活动。1924年上半年，中共党员潘志春回到苏州邮局工作，是苏州最早的中共党员。1925年5月，中共上海地委批准成立中共苏州支部，成员仅候补党员陆秋心1人。同年7月，中共党员、中国社会主义青年团创始人之一的叶天底，应聘到私立苏州乐益女子中学任教，并以国民党党员的身份团结了一批追求进步的青年知识分子，积极投身苏州的革命活动。由于共产党处于秘密状态，时在苏州的3名党员相互未取得联系，未能形成地方党的核心领导。同年8月，新改组的中共上海区委（亦称"江浙区委"）决定派当时正好应邀到乐益女中任校务主任的中共党员、上海大学附属中学校务主任侯绍裘负责前往苏州重新建立党组织。8月底，侯绍裘邀集刚在上海大学入党的张闻天一起到乐益女中任教。

1925年9月初，在乐益女中成立了由侯绍裘、叶天底、张闻天3人组成的中共苏州独立支部。叶天底任书记并负责组织工作，张闻天负责宣传工作，侯绍裘因身兼数职、活动繁忙而只担任委员。

中共苏州独立支部是当时中共上海区委下属的9个外埠独立支部之一。中共苏州独立支部成立后，先后邀请恽代英、萧楚女、施存统、安东晚等来苏演讲，宣传革命形势，启迪群众觉悟，推动党团组织的发展，共商苏州革命大计。它的建立，揭开了苏州人民革命斗争的新篇章。

中共苏州独立支部旧址——私立苏州乐益女子中学的校门

苏州革命史上牺牲的第一位中共党员是谁?

汪伯乐,原名汪德骐,祖籍安徽怀宁县,1900年生于苏州。他幼年时父母双亡,8岁时被送进苏州孤儿院。16岁时,在院长的推荐下,他考入江苏省立第一师范学校(简称"一师")。1919年五四运动爆发,汪伯乐积极参加各项爱国活动,走上革命的道路。1921年夏,汪伯乐从一师毕业,先后在纯一小学、乐益女中任教。1924年7月,他加入了国共合作改组后的国民党。1925年9月中共苏州独立支部成立后,他加入中国共产党。按照党组织的指示,汪伯乐以国民党党员的身份积极从事革命活动。

1926年8月,由于中共苏州独立支部第二任书记、国民党苏州市党部常委许金元去广州学习,党组织决定由以纯一小学老师为职业掩护的汪伯乐继任书记。10月中旬,汪伯乐带病去上海汇报工作,参加了中共江浙区委召开的外埠党组织负责人会议。回苏州后不久就因劳成疾,在阊门外苏民医院进行了手术。12月11日,因组织迎接北伐军被军阀孙传芳逮捕。14日晚,南京军阀当局电令将汪伯乐等人押送南京。在押到南京后的第三天清晨,汪伯乐未经审判,惨遭秘密杀害,牺牲时年仅26岁,是大革命时期苏州第一位为革命牺牲的中共党员。

汪伯乐

"八七"会议后,苏州发生了哪些共产党领导的农民暴动?

1927年8月,中共中央召开"八七"会议,确定了土地革命和武装斗争的总方针。中共江苏省委于9月制定《江苏省委农民运动工作计划》,将全省农民暴动区域划为13个区,其中,吴县、常熟、吴江等县所在的无锡区被确定为江南农民暴动的中心区域。接着,中共江苏省委组织部于10月初在上海召开江南各县负责人会议,决定宜兴、无锡、常州、江阴、常熟等地应在最短时期内发动农民暴动。苏州的农民暴动以今张家港地区规模最大、持续时间最长。

1927年10月,中共江阴县委成立后,省委派钱振标回江阴任县委书记。11月15日,江阴县委组织第一次后塍暴动,150余名农暴队员解除了国民党后塍镇公安分局的武装。12月21日,农暴队员发起第二次后塍暴动,再次袭击后塍镇公安分局,营救出3名农暴骨干,击毙警察6名。后塍两次暴动给国民党反动派及地主豪绅以沉重打击,给广大贫苦农民以巨大鼓舞。领导农民暴动的中国共产党,在群众中的威望不断提高,党组织进一步扩大。1928年年初,中共江阴县第一次代表大会在后塍西南耿家宅基召开,会上决定成立全县农民革命军。1928年1月13日,农民革命军发动第三次后塍暴动;3月30日,3 000多名农民革命军队员又发起第四次后塍暴动。在此期间,杨舍、安镇、店岸、占文桥、峭岐等地也发生多起农民暴动。

轰轰烈烈的农民暴动沉重打击了国民党的反动统治，但遭到了国民党当局的残酷镇压，部分武装骨干渡江北上，组织、发展游击队，200多名农暴队员被杀，2 000多人被迫外逃，茅学勤等农暴领导人英勇牺牲。

由第一次后塍暴动旧址改建的学勤广场

现代妇女运动的先驱者、"四一〇"惨案中牺牲在南京的吴江女共产党员是谁?

张应春,原名张蓉城,自号秋石,1901年11月生于吴江县黎里区葫芦兜村。1919年,从黎里女子高小毕业后,张应春考入上海两江女子体育师范学校。毕业后,她先后到福建厦门集美女师和松江景贤女中任教。不久,加入了国共合作后改组的国民党。

1925年8月,国民党江苏省党部正式成立,张应春被选为执行委员兼妇女部长。1926年1月,国民党在广州召开第二次全国代表大会,张应春作为江苏省的妇女代表参加大会。为了扩大革命宣传,提高广大妇女的觉悟,她创办了妇女界刊物《吴江妇女》。经中共江浙区委批准,《吴江妇女》于1926年3月8日国际妇女节创刊,张应春为主编。它的宗旨是:号召妇女起来,打倒帝国主义和军阀,推翻旧礼教,以求妇女和全人类的自由平等。《吴江妇女》在非常艰难的条件下,只能秘密发行,张应春冒着生命危险承担组稿、撰稿、编辑、出版、发行、筹划经费等工作。《吴江妇女》虽然仅出版了5期,但它对当时妇女解放运动起了很好的推进和指导作用。

1927年4月,张应春等10名共产党员在南京参加中共南京地委紧急扩大会议时被反动军警逮捕。在狱中,她英勇顽强,坚持斗争,表现了共产党人坚贞不屈的崇高气节。

凶恶的敌人恼羞成怒,将张应春装入盛有石灰的麻袋中,用刺刀活活戳死,接着又连夜秘密抛入通济门外九龙桥下的秦淮河中。张应春牺牲时年仅26岁。

张应春

苏州工人运动史上规模最大的罢工是哪一次？

1927年5月下旬，三一绸厂资方密谋"放机关厂"。为维护工人正当利益，铁机工会负责人、共产党员潘志春和张春山出面与资方交涉，坚决反对"放机关厂"。资方因有国民党苏州地方当局撑腰而有恃无恐，强行关厂。9月底，三星绸厂如法炮制。潘志春、张春山等联络各厂，组成罢工委员会，决定实行全行业同盟罢工。10月8日，全市36家绸厂工人集聚上街游行，要求当局制止资本家"放机关厂"。然而，资方代表机构云锦公所态度专横，拒绝同工人谈判。随着事态的进一步扩大，国民党当局派出商民部部长、工人部部长到苏州调解。资方代表拒不出席，国民党苏州市党部（简称"市党部"）更是站在资方立场，逼迫工人复工。罢工委员会断然拒绝。18日，铁机工人联合会向全国发出有关罢工情况的通电。罢工委员会同时组织大批工人，到西百花巷总商会请愿抗议。总商会会长不理不睬的傲慢态度激怒了工人，工人一拥而上，把总商会会长、商团团长等13人一起押往市党部。慑于压力，市党部被迫答应工人的要求。等工人队伍散去，他们马上下令缉捕"首要分子"，还实行全城戒严。中共苏州县委组织16个行业工会发表声明，联合组成"援助铁机工会罢工委员会"，誓做铁机工人的坚强后盾。上海、南京、无锡等地工会亦纷纷发表谈话和通电，声援苏州工人的斗争。中共中央机关刊物《布尔什维克》发表了题为《苏州铁机工潮之悲愤》的文章,为罢工斗争指明了方向。11月18日,迫于社会舆论,国民党中央党部召集苏州劳资双方代表到南京,签订了《三星厂劳资双方协议》和《苏州铁机工人联合会、铁机丝织公会双方协定条件》等协议书。协议书规定资方以后不得"放机关厂",不得随意缩减机台、随意裁减工人,工人罢工期间的工资一律补发,立即释放被捕的工人代表。至此,苏州工人运动史上规模最大、时间最长、影响最深远的罢工斗争取得了胜利。

张春山

在苏州上空对日空战中第一位捐躯的外籍飞行员是谁?

罗伯特·肖特,1904年生于美国华盛顿州西部的港口城市塔科马,曾任美国陆军航空队飞行员。1930年应美国波音飞机公司之聘来华任波音战斗机教练员。1932年1月28日,淞沪抗战爆发。2月20日,肖特驾战机从上海飞往南京,途中与日军战斗机相遇并激战,击落日机一架,成为抗战期间第一位击落日机的外籍飞行员。2月22日,肖特驾机从南京返回上海,途经苏州城郊上空,又遇正对苏州刚建好的军用机场盘旋侦察,并对无辜民众扫射的日机。肖特勇敢迎敌,击毁日军王牌飞行员小谷大尉驾驶的长机。交战中,肖特座机被6架日机包围并击中,坠毁于吴县车坊乡高垫村河中,肖特英勇殉难,成为中国抗日战争中第一位捐躯的外籍飞行员。

罗伯特·肖特

"七君子事件"与苏州有何关系?

1936年11月23日凌晨,由全国60多个抗日救亡团体组建的全国各界救国联合会领导人沈钧儒、章乃器、邹韬奋、李公朴、沙千里、史良、王造时在上海被国民党当局非法逮捕,这就是震惊中外的"七君子事件"。

12月4日,沈钧儒等6人由上海押解到苏州,被囚于吴县横街江苏高等法院看守分所。史良被保释后,处理完救国会事宜,遂于12月30日主动到苏州入狱,被押至司前街看守所女监。在苏州狱中的七君子坚持抗日爱国立场,在法庭内外与国民党政府进行针锋相对的斗争。

"七君子事件"引起社会各界的广泛关注,自始至终得到人民群众的支持和声援。中国共产党时刻关注着事态的发展。11月30日,中国共产党对南京国民政府提出抗议。1937年4月12日,中共中央发表《中国共产党中央委员会对沈章诸氏被起诉宣言》,严正要求立即释放七位爱国领袖。国民党爱国将领张学良、杨虎城在"西安事变"所提八项主张中,就有"立即释放上海被捕之爱国领袖"的要求。爱国民主人士宋庆龄于1937年6月下旬起发起"自请入狱"运动,并于7月5日亲临苏州狱中,探望七君子,把声援活动推向了高潮。苏州人民为七君子舍身救国的精神所感动,积极奔走营救,先后两次开庭之日,苏州都组织各界人士前往法院声援。苏州著名律师陆鸿仪、吴曾善、刘祖望等6人,会同上海等地的著名律师共27人,组成辩护团,义务为七君子进行无罪辩护。

卢沟桥事变爆发后,国民党政府于7月31日被迫宣布具保释放已被关押近8个月的沈钧儒等7人。七君子胜利出狱时,与苏州欢迎民众同声高唱《义勇军进行曲》。1939年2月,南京国民政府最后撤销了对七君子的所谓起诉书。

在中国共产党和全国人民的声援下,
1937年7月31日,七君子被无罪释放

苏州沦陷前后,日本侵略者对苏州人民犯下了怎样的滔天罪行?

1937年11月14日到19日,随着历时三个月的第二次淞沪抗战全面失利,太仓、昆山、吴江、苏州、常熟相继失守。25日,沙洲陷落。苏州沦陷前后,日本侵略者先是狂轰滥炸,继而烧杀淫掠,再则武力统治,制造了滔天罪行。

自8月14日日军轰炸太仓县城至苏州沦陷的三个月内,日军在苏州地区杀害军民逾万。"苏城共受敌弹4 200余颗,死伤人民数千,破坏街市房舍学校医院工厂无算。"阊门石路一带被日军投放燃烧弹,烧了三天三夜,使繁华商业区化成焦土一片。沪宁、苏嘉铁路和长江沿线,数十城镇全遭轰炸,无一幸免,死伤群众、烧毁房屋不计其数。城厢内外,大街小巷,一片血泊火海。日军在浏河口长江沿岸登陆期间,实施了惨无人道的烧杀暴行,仅浏新乡就有遇难致死村民78人、受伤致残者200余人,700多户人家的2 000余间房屋被毁,史称"七十二家村惨案"。

苏州沦陷后,护龙街上、香花桥头、北寺塔旁,以及各城门要道,横满了尸体。据1937年11月21日日本《朝日新闻》晚报载:日军入城(苏州)俘中国士兵2 000人,奉上级密令全部杀害。日军以杀人为娱,平门外洋泾角村及洋泾荡桥畔,被他们集中枪杀的民众各有100余人;葑门徐家祠堂未及撤走的七八十名重伤兵全遭杀害。被奸杀的女性包含从十来岁女孩到七八十岁老太，连福寿寺八十多岁的老师太也惨遭奸污。1938年1月26日，日军袭击游击队未果，迁怒群众，在昆山淀山湖畔马援庄，用枪刺、刀劈、砍头、卸肢、沉湖等残暴手段杀害108人，火烧房屋204间、船舫7座、稻谷36万斤，屠杀耕牛32头，制造了骇人听闻的"马援庄惨案"。

据1939年伪吴县知事公署《事变损害统计表》载，全县13个乡镇被毁房屋7 927间，被害居民6 774人，损失财产1 043.3万多元。另据昆山、常熟统计，前者9个乡镇被毁房屋10 961间，被害居民3 700余人，损失财产696.4万元；后者被毁房屋39 900多间，被害居民3 000多人，损失财产299万元。苏州各处断墙残垣，尸积成山，血流成河，惨不忍睹。

遭日军轰炸后的石路地区

苏州地区第一支由共产党直接领导的人民抗日武装是哪支部队?

1938年8月初,由中共常熟县委以军事训练班受训学员为基础、将任天石领导的塘桥游击队正式改组为由县委直接领导的苏州地区第一支人民抗日部队——常熟人民抗日自卫队第一大队(简称"民抗")在常熟塘桥镇周家宅基成立。

10月,江南特委书记林枫亲临指导,从整编队伍、整顿纪律入手,加强部队建设。他们在大队建立党支部,在分队设立政训员,实行官兵一致、军民一致,积极开展抗日和民运、统战工作。

至1939年年初,队伍发展到150人,形成以梅李、塘桥为中心,沿梅塘两岸方圆十余里的游击基点。它的成立揭开了中国共产党领导苏州人民武装抗日的大幕。

任天石

新四军六团是何时由谁率领东进抗日的？

1939年2月下旬，周恩来代表党中央到达皖南新四军军部，和军部领导人共同商定新四军"向南巩固，向东作战，向北发展"的方针。陈毅坚决执行党中央的战略方针，布置新四军六团做好准备，担负向东抗日作战的任务，同时要求相机创建根据地。

5月1日，新四军六团700余人在团长叶飞、副团长吴焜的率领下，从镇江句容茅山地区出发，向沪宁线东路地区进发。在武进南部戴溪桥、洛阳地区与地方抗日武装江南抗日义勇军（简称"江抗"）会合。为避免与国民党军队发生摩擦，六团使用了"江抗"的番号，对外称"江抗"二路。

新四军东进前的誓师大会

新四军东进途中首次主动出击打击日军是哪一次战斗？

为了把"江抗"的牌子打响，扩大影响，新四军六团团长叶飞等策划了夜袭浒墅关的战斗，主动出击打击日军。

浒墅关是沪宁铁路和京杭大运河的关隘，距苏州城仅10余公里。火车站驻有日军警备队30多人。"江抗"总指挥部决定袭击这一据点，扩大东进影响。在事先侦察、周密部署和充分准备的基础上，1939年6月24日傍晚，部队由无锡梅村冒雨出发，抢占吴县东桥镇伪警所，抓获伪镇长及巡官等5人。接着，部队兵分两路，一路向南直插浒墅关；另一路转东攻击黄埭伪军，打黄援浒。

担任主攻的"江抗"二路一营，深夜进抵浒墅关，一连、三连分向东、西两侧戒备苏州、无锡援敌。二连迅速向车站靠拢，一面以机枪封锁大门口，一面迅即包围营房。这时，狂妄自大、戒备松懈的日军，竟鼾声如雷，毫无察觉。战士们一连投进20多颗手榴弹，一连串的爆炸燃烧，炸得日军鬼哭狼嚎，赤身乱窜，血肉横飞。经过不到1小时的激战，毙伤日军20多人，烧毁营房2座，炸毁铁轨100多米，沪宁铁路中断3天。上海《申报》《新闻报》《大美晚报》报道说："京沪线游击队重创了日军"，"浒墅关为游击军攻破，将日本兵全行杀死"，"游击军为江南抗日军"。

这场战斗的胜利,使"江抗"军威大振,极大地鼓舞了生活在日军铁蹄下的东路地区广大人民,取得了军事、政治双胜利。

关于"江抗"夜袭浒墅关火车站日军的报道

苏常抗日游击区是怎样形成的？ 是怎样坚持战斗的？

1939年"江抗"东进后，打击了敌人，打出了声威。各路游击队首领受高涨的抗日形势和"江抗"的军威感召，在地方党组织推动下，纷纷接受"江抗"的收编。由此把梅塘两岸以南的常熟东乡至阳澄湖为中心的苏州北部，包括昆山石牌地区连成一片，中国共产党领导下的苏常抗日游击区基本形成。

此后，"江抗"充分发扬既是战斗队，又是工作队、宣传队的优良传统，一面以自己英勇杀敌、纪律严明、爱护群众、军民一致等模范行动影响和团结群众；一面按照党的抗日救国十大纲领的要求，以建立抗日民族统一战线为重点，积极支持和配合地方党组织开展民运工作，区内财经、文教等工作日渐发展。

坚持在水网地区战斗的"江抗"战士

京剧《沙家浜》 取材于哪段真实历史？

"江抗"东进抗日，开辟敌后抗日游击区，引起国民党顽固派的嫉恨和恐慌。为缓和国共双方的紧张关系和避免摩擦造成更大损失，1939年9月29日，陈毅与国民党代表谈判，商定双方同时撤兵，停止冲突。

"江抗"奉命西撤后，留在苏常游击区的党领导的抗日力量，除了少数领导骨干和地方干部外，仅有"民抗"总部警卫班十余人，常备队数十人，以及隐蔽在阳澄湖畔后方医院流动治疗的"江抗"伤病员五六十人。这些隐蔽在芦苇荡中的火种紧紧依靠游击区广大群众，一边疗伤一边发动群众坚持抗日。

在顾山反摩擦战斗中身负重伤的"江抗"政治部主任刘飞此时也在这一带治伤。一次，日军突然偷袭，群众和医护人员迅速抬起刘飞等几个重伤员撤退。乡亲们飞速划来小船，把刘飞等抬上船后，射箭似的隐入湖中，脱离了险境。之后，刘飞等在地方党组织安排下，秘密转移到上海继续治疗。

伤病员们这种英勇顽强的战斗精神和军民团结抗日的鱼水深情，在1943年被编成题为《你是游击兵团》的歌曲在根据地广为传诵。歌中唱道："阳澄湖畔，虞山之麓，三九年的严冬，三十六个伤病员，背着共产党的旗帜，在暗影笼罩着的鱼米之乡，为人民流着血啊流着汗，辛苦地耕耘着被野狗蹂躏的田园……"

到中华人民共和国成立后的1961年,时任上海警备区副司令员的刘飞在《新华日报》发表回忆文章《阳澄湖畔》。翌年,上海沪剧团根据刘飞的文章和其他有关资料,创作演出沪剧《芦荡火种》。此后,北京京剧团又将其改编为现代京剧《沙家浜》。

刘飞

江南抗日义勇军东路司令部（简称"新江抗"）是何时、何地成立的？

在"江抗"西撤、苏常游击区坚持敌后斗争的关键时刻，中共中央东南局和新四军军部鉴于坚持东路抗战的必要性，于1939年10月下旬，派杨浩庐、周达明等返回东路，加强党对抗日力量的领导。杨浩庐等到达常熟后，与在阳澄湖畔养伤的夏光和在东唐市一带坚持抗日的江南特委、苏州与常熟两县县委负责人张英、李建模、翁迪民等会面。随后在唐市由张英主持召开会议。会议通过传达上级指示，研究制订了在苏常地区坚持武装斗争的计划，决定成立江南抗日义勇军东路司令部（简称"新江抗"），由夏光任司令，杨浩庐任副司令兼政治部主任，在苏常游击区再次举起江南抗日义勇军的旗帜。

11月6日，江南抗日义勇军东路司令部在唐市附近举行成立大会，夏光发表了"我们一定能够坚持东路的抗战，开辟东路斗争的新局面"的庄严誓言。"江抗"东路司令部的成立，给坚持和发展苏常游击区的抗日斗争带来了新的希望。

坚持在苏常游击区抗日的"新江抗"指战员

洋沟溇战斗是场怎样的战斗？ 有何意义？

1940年2月6日，"新江抗"在常熟北桥伏击了日伪军下乡"扫荡"的汽船后，于当晚转移到阳澄湖畔吴县洋沟溇村宿营，翌日同村民们一起欢度春节。战士们挑水扫地，搭台挂灯，举行军民联欢会。

8日（农历大年初一）清晨，昆山县城及巴城日伪军70余人，由密探引领、日军小队长斋藤率领，乘了汽船，在渔船伪装掩护下，乘着晨雾，向洋沟溇发起偷袭。待哨兵发现，日伪军已抢占湖滩，并以密集火力向村中攻击。

"新江抗"在夏光、杨浩庐指挥下，奋起自卫反击。特务连率先抢占有利地形和屋顶制高点，进行还击，战斗空前艰苦激烈。"新江抗"其余连队，迅即分兵包抄。一连迅速迂回，插向村东头，封锁小木桥，以机枪侧击敌人。日军小队长斋藤被击中，重伤致毙，日伪军旋即仓皇撤退。

这次战斗，共毙伤日伪军20余人，"新江抗"也付出了较大代价。一连指导员褚学潜、副连长曹德清等17人牺牲，副司令杨浩庐等10余人负伤。

洋沟溇战斗是"新江抗"成立后的第一场硬仗，它粉碎了日伪军妄图消灭"新江抗"的阴谋，考验和锻炼了部队的战斗力，又一次增强了苏州人民抗日的信心。

褚学潜

18.

北港庙战斗是场怎样的战斗？ 有何意义？

1940年4月23日，新四军第三支队副司令谭震林，受中共东南局和新四军军部指派，在常熟主持召开以创建东路抗日游击根据地为主题的"徐市会议"。会议第三天，北新闸据点日伪军80余人游弋至会议所在地江家宅基附近的北港庙，哨兵鸣枪报警，谭震林派戴克林率"江抗"一支队迎战，又命陈挺率"江抗"特务连从白茆东岸渡河增援，前后夹击，命樊道余率教导队阻击支塘援敌，迫使敌人退缩北港庙内。

正当"江抗""民抗"战士越打越勇时，谭震林果断下令撤出战斗，前后数小时的激战戛然而止。这一仗共毙伤日伪军30余人，"江抗""民抗"战士牺牲3人、伤6人。

北港庙战斗旗开得胜，保卫了东路首脑机关和"徐市会议"，打击了日伪军气焰，重振了"江抗"军威，鼓舞了人民群众的抗日热情。

谭震林

苏常太抗日游击根据地是怎样建立的？ 有何重要意义？

1940年夏，在东路军政委员会（由进驻东路地区的新四军党组织和原属江苏省委的地方党组织实行党的一元化领导而建立的根据地领导机构）和东路特委的领导下，常熟、苏州两县县委遵照党中央关于建立"三三制"抗日民族统一政权的指示，根据独立自主的原则，着手筹备和建立"抗日的各阶级联合的民主政权机构"——人民抗日自卫会。8月2日和9月初，常熟、苏州两县的人民抗日自卫会先后成立。随后，太仓县各界临时联合委员会、昆山县行政委员会、无锡县人民抗日自卫会也相继成立。这些代行政权机构的建立，标志着在苏常太地区，一个独立自主的敌后抗日游击根据地——苏常太抗日游击根据地形成了。

苏常太抗日游击根据地的建立，对坚持敌后游击战争，牵制敌人兵力，为大江南北各地的抗日游击根据地的恢复和建立，以及兵员、军需的补给，都起了很大的支持作用。截至当年11月，"江抗"东路指挥部成立半年，东路部队即由400余人发展到3 000余人，控制了以苏常太为中心，东至昆嘉青、西至澄锡虞的广大农村，有大小市镇94个、人口约200万人。

截至1940年年底，全国共创建了16块抗日民主根据地，而苏常太抗日游击根据地则是其中之一的"苏南抗日民主根据地"的重要组成部分，在全民族抗战中发挥着日益重要的作用。

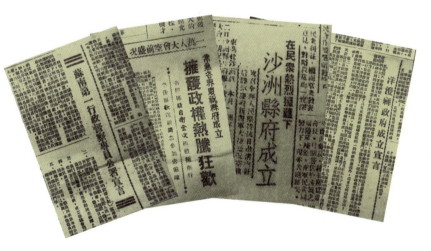

在东路军政委员会和东路特委的领导下，
各级抗日民主政权相继成立的有关报道

日伪对苏常太抗日游击根据地进行"清乡"过程中制造的最残忍的大屠杀是哪次？

从1941年到1943年，日伪对苏常太抗日游击根据地共开展了四期"清乡"，制造了一系列血腥大屠杀。其中尤以1942年二三月间吴江、昆山间的芦（墟）、莘（塔）、（北）库、周（庄）大屠杀为最。据《吴江县志》记载，被害群众有姓氏可查的达2 373人。

1942年2月21日，日军出动千余人，分乘百余机船，在水上飞机和炮艇的配合下，对当时同属吴江县第六区的芦墟、莘塔、北库、周庄四镇周围反复"扫荡"，滥杀无辜，历时20天。日军所到之处，房屋被焚，民众被戮，财物被掠，惨绝人寰。周庄老人朱润苍在《贞丰八年血泪录》中记载道："兽兵逐日分批在芦、莘、库、周四镇周围十二里内外乡村劫掠搜查，并拘捕无辜，滥施酷刑，年老或体气柔弱之人惨毙于淫刑者甚多，强壮如不受刑毙，敌每日辄押至东渡里池旁枪杀，遇害同胞总计二百余人之多，极尽人世间惨绝悲痛。"

芦墟利字窑惨案是大屠杀系列惨案中的一个，遗址保留至今。利字窑由业主陈燮臣建于1920年，原本为烧砖所用。1942年2月22日，日军把在夫子浜村和附近窑厂抓到的30多名青壮年，赶进利字窑膛里。一边逼令3名村民搬柴到窑洞口点火，一边还守在洞口刺杀扫射尝试逃出的村民。此外，为了对村民赶尽杀绝，日军还特地从窑顶上扔进3颗手榴弹，乘坐汽艇离开时还不忘往窑的方向打了3炮。

日军在血腥残杀的同时，还肆意摧残蹂躏妇女，使许多妇女身心受到极大的伤害，其中，年龄最小的仅15岁。不少妇女被强奸或轮奸致死，有的则被先奸后杀，暴尸荒野。

侵华日军利字窑惨案原址

抗日战争胜利时苏州境内共有哪些抗日民主根据地？

抗战中的苏州，以苏常太为基地的抗日武装斗争占了突出位置。经过"江抗"东进、西撤，东路抗日根据地的建立和日伪"清乡"等大的起落，以及无数次小的曲折，抗日民主根据地付出了巨大牺牲和代价。至抗日战争胜利前夕，原苏常太及沙洲、苏西北、苏西、昆南等游击根据地已基本得到恢复，建立了中共苏中六地委、第六行政公署，中共苏常太工委、苏常昆太行署及常熟、太仓、沙洲、苏州（苏西北）、昆山（昆南）、太湖6个县级党政机构，下辖25个区、市（不包括锡南、马山），组建了23个区委（工委）（太湖县东山、西山区合并建立1个洞庭区工委，苏州县阳澄区未建区委）、25个区政府（办事处），加上沙洲部分区建立的一些乡级抗日民主政权组织，苏州地区的抗日民主根据地内共形成了五个层级的党组织与政权体系。苏中第六军分区武装部队由南下时的百余人发展至1 000多人，加上各县武装，全地区人民武装力量发展至2 500人。

在苏南地区坚持抗日武装斗争的武工队、地下党领导合影

哪些汉奸在苏州受到了正义的审判?

抗日战争时期,全国民众同仇敌忾,坚决反抗侵略,誓死保卫国家。然而,也有一小撮民族败类,投靠日本侵略者,出卖国家与民族的利益,成为受到全国人民痛斥和唾弃的汉奸。

1945年9月初,南京国民政府军事委员会军事调查局(简称"军统局")开始部署缉捕汉奸工作。11月、12月,南京政府立法机构先后颁布《处理汉奸案件条例》《惩治汉奸条例》,对汉奸之定罪量刑做了具体规定。同时决定:除军事汉奸由军统局处理外,其余政治、经济、文化汉奸交由各地省高等法院审理。苏州是抗战时期汪伪政权的江苏省政府所在地,加上抗战结束后南京国民政府将江苏高等法院设在苏州,因而承担了审判汪伪政权汉奸的历史任务。

1946年,陈公博、褚民谊、陈璧君、缪斌4个臭名昭著的大汉奸先后在苏州的江苏高等法院受审。与此同时,从苏南地区26个县抓获的大小汉奸四五百人(其中属苏州地区抓捕的有143人)也均在苏州受审,得到了应有的惩罚。曾任伪国民政府代主席兼行政院院长的陈公博、曾任汪伪政府外交部部长的褚民谊、曾任汪伪政府立法院副院长的缪斌被判处死刑,并在苏州被处决。汪精卫之妻陈璧君被判处无期徒刑,并在苏州的江苏第三监狱服刑。还有一位被列为全国"十大汉奸"、曾任汪伪政府监察院院长的梁鸿志,抗战结束后躲藏在苏州,1945年10月被捕,也被判处死刑,后在上海被处决。

伪国民政府代主席兼行政院院长
陈公博被判处死刑,执行枪决

在反"清剿"的同时,苏州城镇人民是如何开展第二条战线的斗争的?

第二条战线是指解放战争时期国民党统治区广大爱国学生、工人、市民及其他阶层人民,在中国共产党领导下,反对美军暴行,反对蒋介石政权的内战、独裁、卖国政策而进行的爱国民主运动。为区别于中国共产党领导的人民武装反对国民党军队的军事斗争的战线,故称第二条战线。

在苏州城区第二条战线的斗争中,苏州学生发动了反饥饿、反内战、反迫害斗争;工人为了生存自救,不断罢工、怠工;城市贫民被迫起来抢米;甚至连监狱中的犯人,也组织起来反抗狱方的虐待凌辱。这些斗争此伏彼起,互相呼应,形成了苏州城区波澜壮阔的爱国民主运动。

中共苏州工委发动领导虎丘花农开展抗税斗争。图为当时报纸的报道

24.

解放前夕，苏州城区的中共地下组织统一后共有多少名党员？

为更好地领导和组织迎接苏州解放的斗争，1949年2月上旬，中共上海局进行部署，对原分隶于上海局外县工委系统和上海学委系统的苏州城区地下党进行了整合与统一。统一后的苏州城区地下党组织由隶属上海局外县工委的中共苏州工委统一领导，下设学生工委、职工区委、文教区委、青年区委，共有12个支部、20多个小组，共有党员200多人，成为迎接解放和配合接管的一支强大力量。

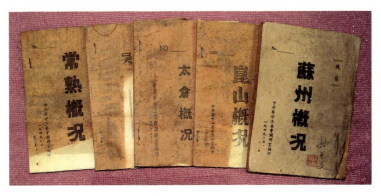

解放前夕苏州地下党收集资料送华中工委编印的《苏州概况》与各县概况

苏州地下党组织领导开展了哪些斗争使千年古城完整地交到人民手中？

1948年年底至1949年年初，苏州地下党按照上级指示，发动全体党员团结广大工人、学生、市民，坚守岗位，坚持生产，保护工厂、商店、学校，防止敌人搬迁、破坏，全力开展护厂护校斗争。

各工厂在地下党的领导下，相继成立了"护厂队""护厂团""纠察队"等护厂组织，站岗放哨，值班巡逻，防止敌人破坏。同时，各工厂、学校还组织工厂联防、学校联防，互通情报，互相支持。

1949年4月中旬，中共苏州工委书记张云曾和地下党员马崇儒、惠志方、汪荣生等，在乔司空巷志成小学内成立了临时指挥所，统一指挥护厂护校斗争。惠志方日夜守候在苏州发电厂观前办事处的电话总机旁，与各单位联系，了解敌情变化，及时沟通信息，以便工委正确部署护厂护校斗争。

解放前夕，电信局的地下党员获悉国民党军队在逃跑前准备破坏电信局、发电厂和面粉厂等重要单位。工委迅速研究应对措施，决定对这三个单位实施重点保卫，防止国民党破坏和抢盗物资。

与此同时，大、中学校的护校斗争也在苏州地下党领导下全面展开。社教学院、东吴大学、苏州工专、河南大学、苏高工、光华中学等先后成立了由地下党领导的应变委员会或护校委员会，单独或联合进行了紧张有效的护校斗争。

在苏州地下党的领导下，护厂护校斗争取得了完全的胜利，工厂、商店、学校和市政设施都得到了保护，苏州这座千年古城最终完整无损地回到了人民的手中。

中共苏州工委在乔司空巷志成小学成立护厂护校临时指挥部

苏州是何时全境解放的?

1949年4月20日,国民党政府拒绝在《国内和平协定》上签字。21日,毛泽东主席和朱德总司令发布向全国进军的命令。中国人民解放军在西起江西九江湖口、东至江苏江阴的千里战线上,百万雄师横渡长江,国民党苦心经营的长江防线顷刻瓦解。4月22日,沙洲解放。26日,人民解放军三野十兵团二十九军所属八十五师、八十六师及八十七师之二六〇团、军炮团等部从无锡出发,沿京(宁)沪铁路向苏州进军。下午4时许,解放军与敌前哨分队接触,将敌击退至枫桥。

4月27日拂晓,人民解放军发起总攻,经短促激烈的战斗,击溃盘踞在枫桥、铁铃关、高板桥一线及虎丘山附近的国民党守敌。八十五师各部分别向苏州城内追击前进,从平门、阊门、金门、娄门入城。6时40分,古城苏州宣告解放。民盟苏州地下支部印发了大量《光明报》号外,报道苏州解放的特大喜讯。广大工人、学生、市民涌向街头,欢迎解放军的到来。

人民解放军以摧枯拉朽之势迅速推进。4月27日,常熟解放;4月29日,吴江解放;5月12日,太仓解放;5月13日,昆山解放。至此,苏州全境解放。

《光明报》报道苏州解放

苏州解放后是如何建立起各级人民政权的?

1949年4月27日,苏州胜利解放,千年古城的历史翻开了崭新的一页。当天上午,自3月上旬起即在苏北如皋县白蒲镇集训、准备接管苏州的南下干部总队近千名干部,随着渡江作战部队一同进入苏州。下午,解放军第三野战军第十兵团政委韦国清在鹤园会见接管苏州的南下干部负责人和苏州地下党负责人,商讨接管工作。

4月29日,各方领导干部在玄妙观中山堂召开会议,宣告成立苏州市军事管制委员会(简称"市军管会",1953年后逐步停止活动)。市军管会为解放初期苏州市实行军事管制时期的最高权力机关,统一负责全市军事、行政管制事宜,由委员12人组成,韦国清任主任。

同日,根据苏南行政公署的决定,苏州城区从吴县划出设苏州市,与吴县、常熟、昆山、吴江、太仓5县组成苏州行政区(简称"专区")。

4月30日,中共苏州地方委员会(简称"地委")、苏州行政区专员公署(简称"专署")、中共苏州市委(简称"市委")、苏州市人民政府(简称"市政府")同时成立,宫维桢任地委书记,李干成任专署专员,惠浴宇任市委书记兼市长。成立之初,市委隶属地委领导,6月至8月间,改由中共苏南区委直接领导,9月重新划归地委领导。

自苏州古城解放至 5 月 13 日苏州全境解放,苏州专区所辖 5 县的县委、县政府也相继成立。苏州各级党政领导机构的成立,标志着人民当家做主的新苏州的诞生,苏州揭开了历史发展的新篇章,苏州人民从此在贯彻执行党的路线、方针、政策与进行社会主义革命和建设方面,有了坚强的领导核心和组织保证。

解放后苏州市人民政府机关所在地——道前街 170 号

苏州解放时的城市接管工作是如何进行的?

1949年苏州市解放时的城市接管工作由市军管会统一领导。市军管会根据《中共中央关于接管江南城市给华东局的指示》等文件精神,制定"各按系统、自上而下、原封不动、先接后分"的工作方针,设立军事、政务、公安、文教、财经和公共房产管理委员会等6个部委,按系统有序对口接管原国民党政权各系统。接管工作的一般步骤是由接管代表先召集全体旧职人员开会,宣布接管政策,要求其按照规定对原机构资财档案等造具清册,按照系统分门别类点交。为保障社会安定和经济生活的正常有序,1949年5月1日起首先对全市金融税务系统进行接管,宣布以人民币为合法流通货币,金圆券在限期内收兑并于5月13日起停止流通。5月2日起军事系统接管原国民党政府驻军的军械、军需仓库7处;政务系统接管原国民党政府各级党政机关;公安系统接管原国民党政府法院、警察局、监狱、看守所等部门;文教系统接收30余所中等专科以上学校、130余所小学及《苏报》社、图书馆、公共体育场等文化服务机构;财经系统接管中蚕苏州分公司、苏州面粉厂、太湖煤矿公司等3家官僚资本企业和水利、农业、交通、电讯、邮政等部门的30多家单位;房产系统接管原国民党政府机构及官僚政要在苏房产215处。

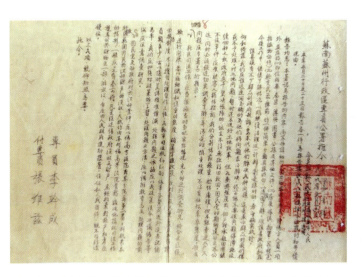

苏州行政区专员公署专员李干成、副专员张维兹署名发布指令,对接管工作做了详尽的部署

为巩固新生的人民政权,苏州采取了哪些措施?

为巩固新生的人民政权,苏州从政治、军事、经济、社会治理等方面采取了以下一系列重大举措。

一是支援前线。苏州解放后,全国的解放战争仍在继续,支前工作就成为苏州各级党委的主要任务之一。1949年5月8日,解放军第三野战军进驻苏州市区,在五卅路金城新村内成立上海战役临时指挥部。苏州作为解放军实施上海战役的重要基地,支前任务非常繁重。为此,按照上级党委指示,苏州专区成立支前司令部,作为统一领导机构,下设秘书处、民力部、交通部、财粮部等,全力做好筹措粮草、搞好交通运输等工作。采取"城市献粮、农村借粮"的办法,胜利完成了参加上海战役的解放军主力部队30余万人、9 000余匹战马的粮草给养任务。

二是剿匪肃特。苏州解放前夕,国民党当局在撤离时,有计划地布置、遗留下大批武装匪特,形成吴县胡肇汉等"七大系统"。这些反动分子严重威胁新生人民政权的巩固。1949年7月16日,为加强对剿匪肃特工作的领导,经苏南区党委批准,地委成立专区剿匪治安工作委员会。通过与公安机关的密切配合,至1949年年底,全区剿灭武装匪特152股,剿灭、俘虏匪特分子5 100余人,缴获枪支1 900余支。此外,还重点进行了太湖剿匪工作。苏南区党委、苏南行署、苏南军区联合成立太湖剿匪委员会。剿匪部队按照"军事进攻、政治瓦解和发动群众相结合"的方针，采取"以分散对分散，以隐蔽对隐蔽"的灵活战术进行剿匪。至1951年年初，太湖地区的武装匪特基本肃清。由此，太湖三分之二以上的面积开始归属苏州管辖。

三是废除保甲制度。保甲制度是国民党政府进行反动统治的基层组织，是统治、压迫人民群众的反动工具。解放初期，为顺利完成接管、支前、抢险救灾、征粮等各项任务，苏州暂时保留了保甲制度，对保甲长采取既限制又使用的做法，逐步教育、发动群众改造基层政权。从1949年7月开始，苏州开展整理普查户口工作，为废除保甲制度做准备。至年底，地委提出全面废除保甲制度，划小区乡，以乡为单位建立基层政权。至1950年10月，苏州户政改革基本结束。市区共废除160多个保、2700多个甲，建立起2460多个居民小组，分属5个区管辖。专区还结合进行了区、乡建制和区划调整，由原来的36个区255个乡，调整为54个区640个乡，彻底废除了保甲制度及其户口管理办法，实现了基层政权的初步改造，为苏州国民经济的恢复奠定了坚实的政治基础。

四是镇压反革命运动。苏州曾是国民党政权、汪伪政权的重点控制城市之一，三度成为江苏省政府治所，各类反动组织众多；解放初期，各类反革命活动也比较猖獗。中共中央于1950年10月10日发出《关于镇压反革命活动的指示》，从12月开始在全国大规模开展镇压反革命运动。

根据中央指示精神,苏州的镇压反革命运动分三个阶段进行。第一阶段,对反动党、团、特务人员再次进行登记。第二阶段,发动群众公审,实施集中逮捕。第三阶段,收缩巩固,清理积案。至1952年6月,地、市镇压反革命运动基本结束,有力地打击了国民党反动派在苏州残余的反革命势力,巩固了新生政权,为土地改革和经济恢复工作的顺利进行提供了保障。

五是取缔反动会道门。1953年1月31日,市军管会发出《关于取缔反动会道门的布告》,宣布一贯道、后天道、先天道等反动会道门为非法组织,予以取缔。至3月,取缔活动基本结束。

六是稳定经济秩序。从1949年6月至1950年春节期间,受全国特别是上海经济形势的影响,苏州先后发生4次物价大涨风。苏州各级党委和政府根据中央"保护正当工商业利益,取缔投机,全力打击投机、平抑物价"的指示,依靠国营经济的力量和广大人民群众的支持,全力打击投机、平抑物价,在经济战线上展开巩固新生政权的斗争。1950年4月以后,随着国家实施统一财经等一系列政策,全国范围内的恶性通货膨胀基本终结,苏州物价开始进入长期稳定的状态。

苏州地委发布有关剿匪肃特的一组文件

苏州地区的土地改革工作是如何进行的？

土地改革是废除封建土地制度、推进新民主主义革命和建设的重要任务，也是解放和发展农村生产力、恢复国民经济的重要措施。解放前夕，苏州地区少量地主占有大量土地的现象仍很普遍。地主土地占总土地比例，最低的吴江县为31.85%，最高的昆山县为54.82%；5个县1 089户地主中，参加国民党各级政权组织、各类反动组织的有423户。1950年春起，苏州按照中央的统一部署，根据《中华人民共和国土地改革法》及相关文件精神，按照宣传发动、典型试验、局部推开和全面展开四个阶段进行土地改革工作，至1951年10月底全面完成。

据统计，全区在土改中共没收、征收土地近300万亩，耕畜3 000余头，农具30余万件；共有近38万户150余万人分得土地和生产资料；共召开大小斗争会1 700余次，参加群众200余万人，发展农会会员110余万名。

土地改革中苏州农民焚烧地契

31. 抗美援朝中,苏州做出了哪些贡献?

1950年10月,抗美援朝、保家卫国运动在全国掀起。地委、市委坚决响应中央号召,领导人民群众积极投入这场伟大的运动。苏州人民积极响应全国抗美援朝总会三大号召,大力开展生产竞赛、捐献飞机大炮和拥军优属工作,把抗美援朝运动不断向前推进。

在捐献运动中,城乡民众纷纷以超产、节约所得及开展义工、义卖、义演所得进行捐献,掀起了数次捐献高潮。至1952年1月,全市共捐献269.3万元,占到全国捐款总额的近1/20,折合可购飞机18架,超额完成了市抗美援朝分会提出的捐献飞机15架、装备"苏南空军师"的捐献计划任务,为夺取抗美援朝战争的胜利做出了贡献。

苏州市还先后迎接7批共2 600名志愿军伤病员来苏休养或过境转送,其中1 000余名在苏休养的伤员,得到3家收治医院的全力医护。一些家庭妇女主动到医院照料伤员,各界组织的慰问活动持续不断,表现出苏州人民的极大爱国热忱和对"最可爱的人"的无比敬重。

抗美援朝期间,苏州青年踊跃报名参加志愿军,至1953年2月底,全区有近6万名青年报名,录取9 102人,超额177人。另外,全区有101名医护工作者、49名汽车驾驶员志愿赴朝鲜前线为志愿军服务。

抗美援朝运动中,苏州全市共捐款269.3万元,折合可买18架飞机

解放初期苏州在恢复和发展国民经济方面采取了哪些措施?

解放初期,在恢复和发展国民经济方面,苏州针对农业和工业的恢复采取了一系列的措施。

恢复和发展国民经济的基础是农业生产的恢复。为恢复苏州的农业生产,苏州各级党委广泛开展调研,深入发动群众,通过彻底废除封建土地所有制,完成土地革命,解决了农民的土地问题,调动了农民个体经济和劳动互助两方面的生产积极性。在此基础上,贯彻中央"组织起来,发展生产"的方针,普遍开展互助合作,提高农业生产率,促进了农业生产的恢复和发展。

恢复和发展国民经济的重点是工业生产的恢复。苏州制定了一系列政策和措施,恢复和发展工业生产,促进苏州从消费型城市向生产型城市转变。一是扩大内需,改变工业生产的对外依附性。二是调整产销关系,积极扶持有利于国计民生的私营工业企业。1949年到1952年,全市私营工业企业由442家发展到1 840家,工业总产值增长95.7%;专区私营工业企业由165家发展到2 968家,工业总产值增长63.6%。三是调整劳资关系,坚定不移依靠工人阶级,提高他们的政治素质和文化水平,发挥他们的主力军作用。

恢复和发展国民经济的特色是手工业生产的恢复。苏州手工业历来发达,手工艺品在国内外久负盛名,日用手工业品和手工制作生产配件种类繁多。苏州采取增发贷款、优惠税收、组织城乡物资交流活动、组织合作联营等多种方式，帮助手工业业主解决了面临的经济萧条、产品滞销、产能萎缩等困难，使手工业在迅速恢复中加快发展。1952年，全市手工业从业人数达2.8万人，比1949年增长42.1%，总产值增长了80.1%。

苏州地委把发展农业生产互助组与爱国增产竞赛相结合，各地掀起互助生产运动的高潮。图为吴江农村互助组组员订立秋收秋种计划

33.

解放后苏州为什么要开展整党运动?取得了怎样的效果?

全国解放后,党的组织和党员队伍扩展很快,但不少党员干部的思想认识落后于形势发展,仍然习惯用老方法、老模式来处理新情况、新问题,尚不能适应党的工作重心转向生产建设和城市工作的需要。为适应党领导、执政面临的新形势、新任务,在1950年8月至11月间,地委遵照中央部署,对在职机关党员干部开展了以反对官僚主义和命令主义为重点的整风运动。

整风运动后,党政机关和党员干部的作风初步得到了转变,但由于时间较短,尚未很好地解决党的组织和思想不纯的问题。为继续保持党的纯洁性,不断提高党的战斗力,中央决定从1951年下半年开始,用三年时间完成整党任务。

整党运动提高了党员的思想觉悟,纯洁和壮大了党员队伍,改善了党的作风,密切了党群关系,增强了党的战斗力,为贯彻执行党在过渡时期的路线、方针、政策,顺利进行社会主义改造起到了重要作用。至1952年年底,全区发展新党员4 595名,相当于整党运动开始前全区党员总数;新建党支部739个。

中共苏州市委关于整党、建党的工作计划

在中国共产党苏州市第一届第一次代表大会召开之前，苏州市曾召开过几次党的代表会议？

受解放初期历史条件的限制，1949 年 4 月至 1956 年 4 月的 7 年间，苏州没有举行过党的代表大会，地委、市委的领导成员均由上级任免。这一时期，按照党的民主集中制要求和上级规定，苏州市先后召开过 4 次党的代表会议。

1951 年 2 月下旬召开的中共苏州市第一次代表会议，正式代表 141 名，代表全市 1 137 名党员，主要讨论和总结了正在开展的抗美援朝、保家卫国运动与各项城市工作，对于改进党的领导、发扬党内民主、提高党员干部领导水平、增强党员的责任感，发挥了积极作用。

中共苏州市第二次代表会议于 1952 年 1 月 20 日起召开，主要讨论了如何加强对"三反"运动的领导，把在全市国家机关工作人员中正在开展的反对贪污、反对浪费、反对官僚主义的民主检查运动不断向前推进。会议经多次休会、续会，直至 7 月初"三反"运动胜利结束后才闭幕。

中共苏州市第三、第四次代表会议，分别于 1955 年 2 月和 1956 年 1 月召开。这两次会议的主题均为总结上年度工作、确定本年度各项工作任务及执行措施，动员和组织各级各部门为继续贯彻党的过渡时期总路线而努力奋斗。第四次代表会议还首次选举产生了中共苏州市监察委员会。

市委书记李凌在第一次党代表会议上做的报告

苏州何时完成对生产资料私有制的社会主义改造?

1953年6月,中共中央制定了以"一化三改造"为总任务的党在过渡时期的总路线,即逐步实现国家的社会主义工业化和对农业、手工业、资本主义工商业的社会主义改造,基本完成从新民主主义到社会主义的过渡。过渡时期总路线提出后,苏州地委、市委在1953年至1956年开展了对农业、手工业和资本主义工商业的社会主义改造。

苏州地委、市委组织开展对农业的社会主义改造,主要抓住农业合作化这个关键。在实施中按照中央提出的积极发展、稳步推进、自愿互利的原则,采取先典型示范再逐步推广的方法。苏州地委早在1952年5月就在市郊王根兴互助组的基础上,试办了第一个农业生产合作社,以摸索经验。贯彻过渡时期总路线后,组织所属各县共试办了8个农业生产合作社,参加农户215户,入股土地1 862亩。试点基本成功后于1954年起组织全面推广。1955年10月,地委和昆山县委根据昆山县茜墩区西宿乡试办初级农业生产合作社的经验,联合写出总结材料向上级报送,被改为《这个乡两年就合作化了》收录到由毛泽东亲自审定的《中国农村的社会主义高潮》一书,12月,毛泽东为该文撰写了一段近600字的按语,指出"群众中蕴藏了一种极大的社会主义的积极性",对昆山农民自觉要求走社会主义道路表示赞赏和肯定。1956年起在继续全面推进初级社的同时,部署创办生产资料集体所有、具有社会主义性质的高级社，迅成燎原之势。到年底全专区入社农户已达98%，其中入高级社的占77.8%。由此，苏州的农业社会主义改造基本完成。

对手工业与资本主义工商业的社会主义改造，自1954年1月起即积极而稳妥地加以推进。9月选择苏纶纺织厂、苏州纱厂这两家骨干企业作为典型试点，实行公私合营，同时对其合并改组。随后一年多时间视条件成熟程度，又先后公私合营了20余家工厂。1955年11月4日，毛泽东乘专列去南方视察途中在苏州火车站停靠。地委书记孙加诺、副书记刘铁珊和市委书记吴仲邺、副市长惠廉（女）等4人上车，向毛泽东汇报了苏州开展农业合作化、对资本主义工商业的社会主义改造、工农业生产、肃清反革命分子等方面的工作情况。毛泽东对惠廉列举的私营工商业者的积极作用和消极因素的事例和分析颇为注意。一年多后的1956年12月7日，毛泽东在同民建和工商联负责人的谈话中谈到苏州市对资改造情况时说："苏州的一位女市长，她先讲工商界有四条优点，再说缺点，先鼓励后批评，又鼓励又批评，很好。"毛泽东的关心和肯定，促进了苏州对资本主义工商业改造的顺利完成。

1956年1月初，市人民委员会（由原市政府改称，简称"市人委"）确定64家丝织厂、28家绸布店和人民商场内的38家私营商店作为全市首批筹备全行业、全商场公私

合营的单位。1月中旬市人委召开第十三次会议，批准全市3 906户私营工业户、商业户、交通运输户全部实行全行业公私合营，批准3万多名个体手工业劳动者、小商小贩全部实行全行业合作化。同时决定实行先批准、再进行清产核资等具体工作政策。由此，全市对资本主义工商业及手工业的社会主义改造任务全部提前完成。苏州专区对资改造工作也同步完成，1 014户私营工业户、3.62万户私营商业户实行公私合营或合作化。

苏州社会主义改造的提前完成，标志着以公有制为主要成分的社会主义经济基础与社会主义基本制度得以确立，几千年来阶级剥削的历史宣告结束，广大劳动人民成为社会和生产的主人，成为社会主义建设的根本力量，为"一五"计划的提前实现创造了条件。

苏州各界庆祝社会主义改造取得伟大胜利

解放初期苏州是如何开展古典园林的修缮工作的？被国务院列为第一批全国重点文物保护单位的有哪些？

苏州园林始于春秋，集中了江南园林建筑的精华。至清代，苏州城区尚有园林约190处。由于战争原因，至解放初期，除狮子林等少数几个园林稍完整外，大部分处于破败荒废状态。

1953年，市委、市政府在对苏州园林进行调查的基础上，成立了苏州园林整修委员会，制订了重点修缮留园、对其他园林名胜逐个维修的计划。园林修整委员会聘请园林专家任顾问，招募技术工人，充分激发修缮人员的聪明才智和工作热情，激励他们完成清理、修复工作。

苏州园林在中华人民共和国成立后的修复工作得到全国园林专家的肯定，在国务院1961年3月公布的第一批全国重点文物保护单位中，苏州的留园和拙政园榜上有名，与北京的颐和园、承德的避暑山庄并称"全国四大名园"。虎丘山上的云岩寺塔（包括云岩寺其他建筑）、太平天国忠王府、文庙宋代石刻、甪直保圣寺罗汉塑像等4项也被公布为第一批全国重点文物保护单位。

修复后的留园

"一五"计划期间苏州取得了哪些主要成就？

1953年至1957年的"一五"期间，苏州人民精神振奋，充分发挥建设社会主义社会的主动性与积极性，胜利完成对生产资料私有制的社会主义改造，有力促进了经济和社会发展。"一五"期间，全市共完成固定资产投资2.68亿元，新建企业25个，改建、扩建企业323个，其中不乏一批大型骨干项目，为随后苏州工农业生产的加快发展奠定了坚实的基础。工业经济的内部结构也有了明显变化，现代工业发展迅速，工场手工业逐步向机器工业过渡，工业生产的技术水平进一步提高，工人劳动生产率也显著提高，钢铁、化工、机械、建材等工业企业开始发展壮大，苏州市的现代工业雏形和体系逐步形成。经济结构也随着"一五"计划的顺利完成而发生了可喜的变化，1957年，苏州市的三次产业构成由1952年的2.5∶52.3∶45.2变为3.5∶57.5∶39。5年间，第二产业增幅最大，逐步成为苏州经济的主体；在经济取得较快发展的情况下，人民群众的生活水平也有了相应提高，全市长期无法解决的失业问题至1956年得到基本解决，5年间职工工资平均增长13.4%；1957年商品零售额比1952年增长了40.4%。全市经济建设与社会事业、工业建设与城市建设、生产与生活等各方面，在总体上呈现出健康、有序、稳定、协调发展的态势。

1952年建立的地方国营苏州铁工厂,首创国内自动化大型阀门

中国共产党苏州市第一届第一次代表大会是何时召开的?

1956年,在全市各级党组织和人民群众响应党中央的号召,社会主义改造取得决定性胜利,并为提前完成第一个五年计划的任务而奋斗的热潮中,中国共产党苏州市第一届第一次代表大会于5月28日至6月3日在市人民文化宫召开。出席会议的正式代表317名,全部经下一级党组织选举产生,代表着全市城乡各行各业中的10 618名党员。会议听取和审议了市委书记吴仲邨代表上届市委所做的工作报告;选举产生市委委员28名、候补委员6名,组成新一届市委员会;选举了出席中共江苏省第一次代表大会的代表;通过了大会决议。大会号召苏州市全体党员认真学习马克思列宁主义理论,钻研党的方针政策,进修文化科学知识,不断提高思想觉悟,改正工作中的缺点和错误,为保证社会主义改造和社会主义建设事业的彻底胜利而努力奋斗。6月4日,第一届市委召开全体委员会议,选举产生市委常委8名,吴仲邨为第一书记,书记处书记5名。这标志着苏州党的历史上第一个经选举产生的市委领导班子的诞生。

1956年5月28日至6月3日，中共苏州市第一届第一次代表大会召开，大会听取和审议了市委书记吴仲邨做的工作报告

在对国民经济实行全面调整中，苏州采取了哪些措施？

农村政策调整方面，针对随着"大跃进"和人民公社化而来的严重经济困难，1961年1月党的八届九中全会正式决定对国民经济实行"调整、巩固、充实、提高"的方针。苏州专区各级党组织全面贯彻国民经济调整的"八字"方针，大力恢复和发展农业生产，各项工作转向以农业为基础的轨道。主要举措有：进一步调整、缩小公社、生产大队和生产队规模，使其更符合农村生产力的发展水平和管理水平；整顿经营管理体制，使人民公社的经营管理做到制度化、计划化、民主化，至1962年1月，以队为基本核算单位的生产队已占生产队总数的98.3%，使人民公社"三级所有、队为基础"的政策落到实处；普遍推广多种形式的生产责任制，克服"大呼隆"生产劳动的弊端，以利于调动社员的积极性；加强农村粮食市场管理，农民口粮水平逐渐恢复到1958年的水平；加强对农村劳动力的管理，充实农业生产第一线，到1961年5月，专区城镇、公社下放到大队、生产队务农人员22.93万人；清理被挤占的农用土地，到1963年9月，全区共清退土地4万亩，扩大农作物种植面积；整顿干部作风，开展反贪污、反浪费、反官僚主义的运动；各行各业加强对农业生产和农村的支持力度，帮助农业生产恢复和发展；认真算好平调账，彻底算账退赔。除此之外，还大力鼓励发展副业，恢复农民自留地，增加农民的蔬菜副食品生产；鼓励农民养猪，实行"公私并举，私养为主"的养猪方针；开放集市贸易，以部分工业品向农民换购国家需要的农产品。这些做法不仅较有效地调动了农民群众的生产积极性，而且对促进农副产品生产发展、畅通物资交流、活跃农村经济、稳定市场物价、密切城乡关系、巩固工农联盟都起到了极大的作用。通过5年的艰苦调整，苏州农村的整体形势明显好转。1965年与1961年相比，苏州地区农业总产值由7.54亿元增加到12.52亿元，粮食总产量由20.56亿公斤增加到27.45亿公斤，农民人均纯收入由77.8元增加到101.4元。

工业经济方面，贯彻执行"八字"方针，着重压缩重工业，充实农用、日用品工业，撤销、停办和调整一些技术落后、亏本经营的企业，一些在"大跃进"中不适当上升为全民所有制的企业恢复为集体所有制，在此基础上逐步进行工业生产的巩固、充实和提高，推动整个国民经济的进一步发展。在工业布局调整中，始终抓好定员编制以外的人员精简工作，1962年至1963年两年间苏州市精简回农村务农人员3.82万；对已定企业生产方向的改变，做到先转向后过渡，稳步进行；对在撤、并、改组和调整产品布局中涉及的拆、迁、搬、建事项，分轻重缓急，有序进行。苏州专区1961年1—8月工业系统全民所有制企业由155个调整为105个，减少50个，其中15个恢复为集体所有制。苏州市区1961年全年缩减重工业单位45个，增加手工业单位139个；至1962年年底，全市全民所有制企业由177个调减为133个，集体所有制企业由225个调增为388个，手工业单位由402个调增为524个；1963年，全市工业总产值中生产资料产值与生活资料产值之比，由1962年的35.4∶64.6调整为29.2∶71.8。在新的工业布局建立起来后，工业调整的工作重点开始转到企业内部管理上，其中最基本的环节是建立健全以党委领导下的厂长负责制为中心的一系列责任制度，切实贯彻中央发布试行的《国营工业企业工作条例（草案）》（简称"工业七十条"）。通过全面推行新的企业管理制度，苏州工业在生产、技术、经济指标和财务、劳动管理等方面都有了全面提高和改善，工业生产出现了好转的局面，产品质量也有了很大的提高。

手工业方面，地委、市委按照"五个有利于"原则，即有利于调动生产积极性、提高劳动效率，有利于增加产品数量、提高产品质量，有利于节约原材料、降低成本，有利于适应农业生产和人民生活的需要，有利于实行"各尽所能，按劳分配"，先抓好所有制、规模、网点的调整，然后再考虑解决分配问题；先搞好当前与人民生活密切关联的行业，然后再分批地全面展开。在调整企业所有制和规模方面，1962年把12户全民所有制企业改为集体所有制企业，把69户大集体（合作工厂）改为小集体（合作社或合作组），把8户生产合作社改为供销生产合作社。在调整网点布局方面，为支援农业、保证出口需要、加强生产薄弱环节，对一些产供销无问题、生产尚不能满足人民需要的行业，进行调整和充实；为满足人民群众生活需要，恢复发展传统产品生产；对于供产销矛盾比较突出、产品供过于求、短期不能扭转亏损局面的53户企业，压缩7户，转向生产34户，关闭12户。在调整手工业人员队伍方面，主要是组织能工巧匠归队和充实手工业生产；精简来自农村的职工回乡务农；安置全民所有制企业精简的职工。在调整分配制度方面，根据企业不同特点，实行分配制度多样化，计时工资、计件工资、分成拆账工资并存，有的企业（主要是合作小组）还实行了上交三金或两金、自负盈亏的办法。由于方法得当、措施有力，手工业的调整进展较为顺利，从业者的生产积极性有了显著提高。

苏州农村贯彻落实"八字"方针，到1963年上半年国民经济形势开始好转。图为横塘公社获得丰收的情景

在"文化大革命"中,苏州排除干扰、克服困难,取得了哪些经济发展成果?

"文化大革命"期间,苏州广大干部群众尤其是基层组织,排除干扰、坚持生产,立足当前、着眼长远,努力把社会动荡对经济建设的破坏和消极影响减少到最小程度,使得苏州经济仍然有所发展,某些方面的建设还取得了较大的突破。1976年,苏州工业总产值达47.99亿元,是1965年的2.82倍;农业总产值达31.26亿元,比1965年增长18.68%。

工业上,20世纪60年代末起,自行车、手表、缝纫机、照相机、电扇等市场紧俏的日用工业品,开始形成整机生产和批量上市能力,在国内市场上取得一定地位;线切割机床、精密光学经纬仪、手扶拖拉机、螺旋板式热交换器、射压造型自动线等一批较高科技含量机械新产品相继研制成功;市属各化工企业的主打产品均初步实现电气化、仪表化作业;纺织丝绸骨干企业完成社会主义改造后的第一次设备更新,<u>丝绸出口量有较大增长</u>,"丝绸之都"地位稳固确立;苏州市做出开发电子产品的战略决策,在争取国家有关部门投资和300余名军工专业技术人员加盟的有利条件推动下,迅速研发出了集成电路、光电器材、电子计算机、微波接力通信机、纵横制电话交换机、黑白投影电视机等一批属国内首创、领先的新产品,1971年试制出国内第一台黑白投影电视机的苏州八一电子仪器厂,1973

年被第四机械工业部确定为电视机发展重点企业,并挂牌成立国内最早定点专业生产电视机的苏州电视机厂,该厂1975年建成国内首条半自动化电视机生产线,所生产的"孔雀"牌电视机日后成为苏州工业"四大名旦"之一。市委于1972年提出的"把苏州建设成为轻重工业协调发展的新型工业城市"目标,经过5年努力,基本实现。

农业上,20世纪70年代起,苏州地区以全面推广种植双季稻为突破口,结合建立健全农业科技服务网、推进农业机械化、大力开展农田水利基本建设、组织实施一批骨干水利工程等举措,使全区粮食单产水平不断提升,总产量由1969年的28.8亿公斤增加到1976年的37亿公斤。1976年6月,农业部在苏州召开南方13省水稻现场会议。同时,大力开展"水稻高产学(吴县)龙桥、三麦高产学(沙洲)塘桥、油菜高产学(太仓)新华、棉花高产学常熟、全面发展学(江阴)华西"活动,促进农村各业经济不断迈上新台阶。1976年1月,外贸部批准苏州地区为全国农副土特畜产品出口商品生产基地。

"文化大革命"期间,苏州经济最具特色和亮点的成果就是农村社队工业的重新兴起和迅速壮大。1970年,国务院制定10年实现农业机械化规划,号召大力发展农村"五小"工业。苏州地区抓住有利政策环境,重新起步发展社队企业,当年走出10年停滞的低谷。1972年,地委提出"围绕农业办工业,办好工业促农业"方针,推动社队工业形成第一波发展高潮。到1976年,全区社队工厂达10 513个,职工46.42万人,占农村总劳动力的14.3%。社队企业工业总产值达9.92亿元,比1965年增长18.4倍,占全区工业总产值的比重由1965年的6.8%提高到35.7%。全区财政收入增长部分的三分之二来源于社队工业。同时,涌现出一批发展较快、办得较好的县、社、队,常熟、沙洲、吴县3县社队工业总产值都超过亿元,常熟县虞山、沙洲县南沙、吴县枫桥等公社(镇)都已超过千万元。苏州社队工业发展开始进入全国先进行列。

"文化大革命"期间,苏州开展"工业学大庆"运动,涌现出一批大庆式的企业。图为苏州钢铁厂新建炼钢车间正式投产时浇注钢锭的情景

苏州是如何实现把工作重点转移到社会主义现代化建设上来的？

中共十一届三中全会做出从 1979 年起把全党工作重点转移到社会主义现代化建设上来的战略决策。苏州地委、市委坚决贯彻中央这一重大决策，从 12 月下旬起分别连续召开多次会议，传达、学习十一届三中全会精神，促进各级领导干部统一思想、形成共识、增强自觉，研究、确定重点转移后苏州地、市工作的主要方向及相应措施，明确要求并积极引导各级各部门果断排除一切干扰，切实加快工作重点的转移，带领干部群众聚精会神搞建设、一心一意谋发展，开创苏州"四个现代化"建设的新局面。1977 年 5、6 月间，市委召开工作会议，初步明确了全市经济工作的主攻方向。为了加强经济建设第一线的力量，采取调动、调整、招录等措施，为大规模开展经济建设做好了劳动力和人才上的准备。地委迅速组织调整干部力量配备，提高机关工作效率。对加快发展社队工业、壮大农村集体经济进行动员部署。召开县委书记会议，专题部署加快阳澄淀泖地区商品粮基地建设；召开单季稻移栽现场会议，对冬春农田基本建设和发展副业生产进行部署。为了加强对经济工作的组织领导，地区对工业行政管理体制做了较大调整，撤销工交办公室，成立经济委员会，组建地委农工部，行署基建局、统计局、水产局，地区医药公司、水产公司、珍珠公司等地区一级的经济专业管理部门和经营公司。全地区工作的重点迅速转移并集中到了经济建设上。

苏州地委组织工作队到农村一线指导工作

苏州推行农村家庭联产承包责任制经历了哪几个阶段?

苏州地区农村家庭联产承包责任制的推行,从推进时间、过程来看,苏州普遍实行的时间比省内、国内大多数地区大体晚了半年到一年。从责任制形式演变过程来看,主要经历了由不联产到联产,由联产到组到联产到劳,再到家庭承包、包干分配的几种形式阶段。从整体改革进程来看,大致经历了四个发展阶段:一、个别自发试行阶段(十一届三中全会前)。个别敢为人先的基层干部,尊重群众意愿,十一届三中全会前就试行旨在打破平均主义"大锅饭"的新的劳动生产管理和按劳计酬分配制度。但这种自发试行的单位不是很多,试行单位的成功经验和做法也没有得到及时的肯定和推广。二、组织实行多种形式生产责任制阶段(1978年12月至1980年8月)。党的十一届三中全会促进了人们的思想逐步解放。苏州各地积极酝酿探索各种行之有效的责任制形式。十一届四中全会后,普遍采用包工到组、联系产量计算工分报酬的办法,少数尝试"包工、联产到劳"的做法,个别地方实行"农副业分组综合承包",极少数搞起了"包产到户"。三、稳定专业承包、联产计酬责任制阶段(1980年9月至1982年秋)。《中共中央关于印发进一步加强和完善农业生产责任制的几个问题的通知》(1980年中央75号文件),首次肯定了生产队领导下实行的"包产到户"的社会主义性质,在苏州地区引起较大反响。至1982年8月中旬,全区实行专业承包、联产计酬责任制的生产队共占82%。四、家庭联产承包责任制普遍推行阶段(1982年秋冬至1983年秋冬)。苏州地区率先大规模组织推行家庭联产承包责任制的是常熟和太仓。1983年秋冬,苏州地区的农村家庭联产承包责任制从量的概念和质的角度看,都真正建立起来了,在土地集体所有的条件下,广大农民取得了土地承包经营权,实现了"耕者有其田",成为苏州农村改革的一个重要里程碑,基本完成了农村改革的第一步。

1981年10月,昆山县周庄复兴大队陆杨换新四队在全县率先实行农村家庭联产承包责任制

改革开放初期苏州城市经济体制改革开展了哪些方面的试点工作?

党的十一届三中全会后,城市经济管理体制改革开始试点。着重点是改变计划经济"一统天下"的局面,通过搞活政策、搞活企业、搞活流通、搞活分配来实现搞活经济,解放和发展社会生产力。到1982年党的十二大召开之前,苏州着重围绕四个方面进行探索和改革。一、组织扩大企业自主权试点。苏州市14家、苏州地区6家全民所有制工业企业1979年9月进入全省首批扩大企业自主权试点单位之列,1980年又有64家工业企业、16家财贸企业获批列入省试点。自主权的范围包括产、供、销、人、财、物,并实行利润留成制度,企业所得的分成充作生产基金、职工集体福利基金和奖励基金,由企业自主安排使用。苏州还探索推行企业职工分配制度改革,使职工的收入和劳动成果直接挂上了钩,调动了广大职工投身"四化"建设的积极性。二、组建企业性专业公司和联合体。1978年后,苏州在省内率先开展改革工业管理、组建专业公司的工作。同时开始探索局一级工业行政管理体制的变革,相继成立了市医药工业公司、市建筑材料工业公司、市纺织工业公司、市丝绸工业公司、市工艺美术工业公司等,虽仍以行业行政管理职能为主,但尝试充实了企业化经营管理职能,为改革政府的经济管理体制进行了有益的探索。许多工交企业以自愿互利为原则,实行跨地区、跨部门、跨所有制的联营联办,在探索按经济规律办事、发展横向经济联合方面迈出了实质性步子。三、探索流通和金融领域的改革。物资流通逐步冲破"生产资料不是商品"的束缚,建立多渠道、少环节、开放式的新型物资流通体制。苏州市组建负责对外协作采购的苏州市物资贸易公司,许多生产工厂也开始打破"工不经商"的旧规,纷纷开展物资协作,力度不断加大。金融业改革主要是改变人民银行政企不分局面,逐步建立经营性的专业银行,根据经济社会发展需要拓展金融业务。四、发展集体所有制和个体经济。市委提出"集体所有制经济在国民经济中占有很大比重,我们在思想上要重视它,在经济改革上要调整、改变一些不合理的现象,扶持和发展集体经济",采取全民办集体、全民带集体、全民与集体联营、鼓励街道举办小集体企业等多种形式,促进集体企业的发展。1979年8月起,市工商局恢复对个体工商户登记发证,1980年10月,市革委会在国内率先出台了多条放宽个体工商户经营的政策意见。

1979年12月18日,《新华日报》报道苏纶纺织厂试行扩大企业自主权后出现的可喜变化

十一届三中全会后苏州在利用外资和对外合作交往中开展了哪些尝试？

党的十一届三中全会打开了我国对外开放的大门，苏州地、市各级各部门积极探索，大胆尝试，在实行对外开放上扎扎实实起好步、开好头，并创造出了多项省内第一。一、扩大对外贸易。1978年起，苏州地区对外贸易公司正式恢复运行；1980年，苏州市成立进出口管理办公室，成为统一管理市区对外经济贸易工作的机构。地、市外贸部门组织推进20多个单项出口农副产品生产基地建设，搞好12个国家丝绸出口专厂专车间建设，探索举办30多家工贸合营企业，大力发展以进养出业务，使苏州的外贸出口在4年间上了一个台阶。1982年，地、市合计完成收购额8.65亿元，比1978年增长1.06倍。二、尝试利用外资。苏州的外经贸部门和一些企业学习广东经验，结合开展"三来一补"，利用外资和引进国外先进技术与设备。1979年，国务院做出鼓励地方和企业开展"三来一补"部署后，苏州迅速掀起了热潮。苏州直接利用外资、举办外商投资企业的探索起步于1981年4月，经批准，苏州地区无锡县轻工公司、江苏省轻工业品进出口分公司、无锡市家具总厂与菲律宾维德集团四方合资，在无锡县西漳公社域内建办中国江海木业有限公司，成为全省第一个外商投资经营项目。三、开启对外工程承包和劳务输出。1978年春，美国纽约大都会艺术博物馆提请我国为该馆建造一座中式古典园林，国家城建总局将任务交给苏州市政府，市园林管理处仿照苏州网师园中的"殿春簃"建造，取名"明轩"，1980年5月竣工开园，成为苏州乃至全省的第一个对外承包工程，也是苏州古典园林第一次走出国门。苏州第一个对外劳务输出项目始于1981年2月，常熟县砖瓦厂受省建材工业公司委托，派出26名工人前往伊拉克迪瓦尼砖瓦厂工作，为期2年。四、开展对外交往。苏州大量邀请自费客人来苏开展经济、贸易、科技、文化、教育等交流洽谈、参观考察和培训研学。1980年3月，苏州市缔结了历史上第一个国际友好城市——威尼斯，也在全国地级城市中开了建立国际友好城市的先例。

1980年3月，苏州市和意大利威尼斯市结为友好城市。威尼斯市市长马里奥·里戈和夫人抵苏访问，并在东园共栽友谊常青树

中共苏州市第五次代表大会是何时召开的?

中共苏州市第五次代表大会于 1980 年 2 月 7 日至 10 日在金阊区文化宫举行。这次大会是在全党工作重点转移到社会主义现代化建设上来的新的历史时期,在跨入大有作为的 20 世纪 80 年代的重要时刻召开的,受到党内外的普遍关注。

大会听取和审议了市委书记贾世珍代表上届市委所做的题为"同心同德,奋发图强,把苏州市的现代化建设事业扎扎实实地推向前进"的工作报告;选举产生了市委委员 49 名、候补委员 10 名,组成中共苏州市第五届委员会;通过了《关于市委工作报告的决议》。大会号召全市各级党组织、全体党员和全市人民,以党的十一届三中全会、四中全会精神为指南,鼓足干劲、埋头苦干,为打好苏州市四化建设的第一个战役,为实现党在新时期的总任务而奋斗,努力把苏州市建设成为经济繁荣、文化发达、环境优美的拥有以轻纺为主体的现代化工业的园林风景旅游城市。

2 月 10 日,市委五届一次全委会议选举产生市委常委 13 名,贾世珍任市委书记。自此,苏州人民在新一届市委的领导下,高扬改革和发展的伟大旗帜,开始了为建设社会主义现代化新苏州而努力奋斗的新征程。

1980年2月7日至10日,中共苏州市第五次代表大会召开

国务院首次明确的苏州城市性质是什么?

1981年2月24日,国务院做出的《关于在国民经济调整时期加强环境保护工作的决定》提出:"杭州、苏州和桂林是我国著名的风景游览城市,一定要很好保护。有关省(区)、市人民政府要把保护好这三个风景区作为一项重要工作,按照风景游览城市的性质和特点,做出规划,严加管理。要采取有效措施,防止污染,制止破坏自然景观,逐步恢复已破坏的风景点。"这是国务院首次明确苏州的城市性质,并把苏州列为三个"我国著名的风景游览城市"之一,显示国家对苏州这座城市的高度重视。1982年2月,国务院正式公布苏州等24个城市为第一批国家历史文化名城。

1986年6月,苏州建城2 500年纪念大会会场

20世纪80年代苏州市开展的"五讲四美三热爱"活动有哪些内容?

1979年9月召开的中共十一届四中全会首次确立了建设社会主义精神文明的任务。1981年3月开始,市委宣传部和有关部门响应全国总工会、共青团中央、全国妇联等9个群众团体的倡议,在全市组织开展以治理脏、乱、差为主要内容的"五讲四美"(讲文明、讲礼貌、讲卫生、讲秩序、讲道德和心灵美、语言美、行为美、环境美)文明礼貌活动,市委、市政府专门召开全市动员大会,很快形成了浓厚的社会氛围。6月起,在全市系统进行了一次热爱祖国、热爱社会主义制度、热爱中国共产党的"三热爱"教育。随后按照中央的部署,把"五讲四美"活动和"三热爱"教育活动统一为"五讲四美三热爱"活动。8月,市委专门成立活动委员会。11月,全国文明村镇建设座谈会在苏州召开,对全市的精神文明建设又起到了很大的推动作用。此后,"五讲四美三热爱"活动,从学校、工厂、商店扩展到各行各业,并进一步扩展到创建文明单位活动,涌现出大批先进单位。

苏州小学生在"文明礼貌月"专题活动中的演出

苏州是何时实行地市合并和市管县新体制的?

1983年1月18日,国务院批准江苏省关于改革地市体制、调整行政区划的实施方案。这次行政区划调整涉及苏州部分的实施方案是:撤销苏州地区行政公署,将原苏州地区的吴县、吴江、昆山、太仓、沙洲、常熟6县(市)划归苏州市;江阴、无锡2县划归无锡市;撤销常熟县改为常熟市。常熟市由此成为改革开放后全省首批撤县建市的县级市,也是继1958年撤市后再度复设的县级市。据这一实施方案,苏州市共辖6个县(市)、4个区(平江区、沧浪区、金阊区和郊区);总面积8 488平方公里,总人口530.2万人。实行地市合并和市管县的新体制,不仅仅是一次区划调整,更是一项具有广泛而深远影响的重大举措,标志着苏州1962年以来实行20多年的"地市分设、城乡分治"的制度画上了句号,开始迈入"市县统筹、城乡一体、工农协调"发展的历史新阶段。3月1日,原地、市各机关合并办公,市管县新体制正式运行。新体制以经济比较发达的苏州城市为中心,以周围6县(市)的广大农村为基础,使城市和农村紧密地结合起来。实行市管县新体制,有利于推进城乡经济联合,促进城乡优势互补,形成中心城市—县城镇—中心镇——般集镇梯度布局的城镇体系;有利于通盘规划,合理布点,更好地开发旅游资源;有利于运用城市在科学、文化、教育、卫生等方面的优势条件,促进农村科学技术发展,推动农村精神文明的建设。到1984年,苏州"六五计划"规定的一些主要经济和社会发展目标都提前一年实现。按照市管县体制的要求,按照合理确定机构设置和人员编制的原则,苏州对地市党政群机构进行了改革。据统计,实行市管县体制前,地区部门58个,市机构74个,合计132个;实行市管县体制后,共设置85个部门,减少了47个;机关编制数核减了22.3%,实有人数精简了24.6%。改革也理顺了职责关系,提高了行政效率,进一步适应了社会主义现代化建设的要求。

1983年3月1日《苏州报》关于正式实行市管县新体制的报道

苏州以什么为契机形成了多层次的全面开放格局?

党的十一届三中全会后,中央做出了加快对外开放的一系列重大战略决策和部署。1979年7月,决定建办4个经济特区。1984年5月,决定再开放14个沿海港口城市,逐步兴办经济技术开发区。这些都取得了积极的成果。1984年10月党的十二届三中全会后,中央又开始谋划扩大对外开放的新举措。1985年1月,国务院召开长江、珠江三角洲和闽南厦漳泉三角地区座谈会,会议建议将这三个"三角"地区开辟为沿海经济开放区。这些地区为外商投资者提供优惠,充分利用国外资金、技术、管理经验和本地的优势,兴办外商投资企业,扩大对外贸易,加速经济发展。2月,中共中央、国务院批转了这次会议的《纪要》并发出通知,指出:"这三个经济开放区应逐步形成贸—工—农型的生产结构,建立以外向型为主的经济。"由此,将在我国广大的沿海地区构建起以次于经济特区、沿海开放城市的第三层次经济开放区,进一步完善和强化了我国的对外开放体系。

苏州在被列入沿海经济开放区后,经积极争取、多年努力,逐步形成了一个包含四个层次、全方位对外开放的格局。苏州市区、市所辖6个县(市)及其5个城关镇(吴县当时无城关镇)、各县(市)所辖全部157个工业卫星镇(乡)及全市广大农村地区,到1988年1月都被列入

我国沿海经济开放区范围,苏州的改革开放进入了一个新的发展时期。苏州各级各部门和广大干部群众紧紧抓住这一千载难逢的历史机遇,充分利用国家的优惠扶持政策,充分发挥自己的优势,积极开拓,锐意进取,在20世纪80年代后期创造出了外向型经济发展的优异成绩。1990年4月,中央做出上海浦东开发开放的又一重大战略决策。苏州又紧紧抓住这一绝佳机遇,充分发挥毗邻上海、加工工业和开放型经济基础较好、劳动力素质较高、劳动力成本相对较低、空间发展余地相对较大的优势,实施外向型经济错位发展战略,外资、外贸、外经"三外"全面快速推进,开始展现开放型城市的勃勃生机。1991年与1985年相比,全市外贸出口商品收购值由7.17亿元猛增到80.61亿元,出口额占全市工农业总产值的比重由6.4%提升到11.22%。利用外资、兴办外资企业从无到有、由小到大,在市、县、乡、村各层次全面开花结果,到1991年年底已累计举办外商投资企业795家,合同外资6.36亿美元,为20世纪90年代苏州外向型经济的跨越式发展奠定了坚实的基础。

苏州首家外商投资企业中国苏旺你有限公司在昆山举行开工典礼

20世纪80年代苏州乡镇工业是怎样实现异军突起的?

党的十一届三中全会后,国家开始逐步调整农村经济体制与政策。1979年1月,苏州地委、行署召开社队工业工作会议,通过了《中共苏州地委关于社队工业若干问题的规定》,首次明确提出了社队工业"四服务"(为农业生产服务、为人民生活服务、为城市工业服务、为外贸出口服务)的发展方向,大胆冲破了长期以来奉行的社队工业"三就地"(就地取材、就地加工、就地销售)发展方针的束缚。1983年2月,邓小平来苏考察,充分肯定了苏州在农村大力发展社队工业,并以此带动城乡经济社会发展实现新飞跃的成功实践。3月,苏州实行市管县的新体制,全市城乡间的联合协作有了良好的开端,开始探索改革创新乡镇企业的经营管理机制。1983年,全市乡镇工业产值居全国地级以上城市首位。1984年3月,中共中央、国务院批转农牧渔业部的报告,同意将"社队企业"改称为"乡镇企业",并做出"开创乡镇企业发展新局面"的重大决策。苏州市委、市政府迅速做出抓抢机遇、乘势而上的决策部署,全面推动乡镇企业加速发展。利用紧邻上海、城乡联合、外向开拓的有利条件,继续大力兴办企业、壮大规模,同时积极引导全市乡镇企业在发展战略上围绕"五个转向"开始了重大转变,即从注重产值转向注重提高经济效益,从外延扩大为主转向内涵挖潜为主,从粗放经营为主转向集约经营为主,从负债经营为主转向以自我积累为主,从内向型为主转向内外结合型发展,把工作重点转到提高企业整体素质和市场竞争能力上来。1985年,市委总结推广沙洲县委提出的战略思想,组织引导乡镇企业推进"三上二创一提高"(上质量、上技术、上管理,创优、创汇,提高经济效益)。1986年,市委、市政府总结推广吴江铜罗乡首创的"生产要素承包,资产滚动增值"承包责任制,推进企业经营机制改革创新,激发企业机制活力。1987年,市委、市政府印发《关于乡镇工业发展外向型经济上水平增效益的意见》,引导全市乡镇企业在发展外向型经济中开拓新的更大的增长点,在参与国际市场竞争中全面提升素质与水平。由此,全市乡镇工业出现了一波四年翻两番的发展高潮,整体素质也明显提高。1988年,全市乡镇企业超过1.5万家,职工人数增至129万多人,占农村劳动力的50%;乡镇工业总产值238.6亿元,占全市工业总产值的55.4%,占全省乡镇工业总产值的24.3%,工业总产值超亿元的乡(镇)已达111个之多,占乡(镇)总数的66.9%;出口企业增至923家,出口额升至21.6亿元,占全市外贸收购总额的63.7%;当年新办外资企业77家,占全市当年新办总数的80%;15家乡镇企业被外经贸部、农业部等国家经委于1988年4月撤销命名为全国第一批贸工农联合出口商品生产基地。显然,乡镇工业已成为苏州农村经济的重要支撑、全市工业经济的"半壁江山"、外向型经济发展的生力军。苏州乡镇工业开始牢固确立在全省、全国的领先发展优势,并成为苏州经济社会发展中最令人瞩目的一大特色和亮点,成为1987年邓小平所提出的我国乡镇企业异军突起的生动典范。

1982年首次评出的全国500家最大乡镇企业之一——张家港华润集团浮法玻璃车间

"苏南模式"是何时提出的？其内涵是什么？

1983年年底，著名社会学家费孝通参加全国政协组织的小城镇调查组，对苏南地区（苏州、无锡、常州地区）进行了深入调查研究，在调查总结会上他提出："我感觉苏南这个地区在农村经济发展上自成一格，可以成为一个'模式'。"在此基础上，他在《小城镇·大探索》一文中率先完整提出了"苏南模式"这个概念，并叙述了形成这个概念的所见所思："到八十年代初江苏农村实行家庭联产承包责任制的时候，苏南的农民没有把社队企业分掉。在改制过程中，乡和村的人民政府替代先前的人民公社和生产队管理这份集体经济，通过工业保存下了集体经济实体，又借助上海经济技术的辐射和扩散，以乡镇企业为名而继续发展。苏、锡、常、通的乡镇企业发展模式是大体相同的，我称之为'苏南模式'。"他还将其内涵概述为"以发展工业为主，集体经济为主，参与市场调节为主，由县、乡政府直接领导为主"的苏南农村经济发展道路。

费孝通先生关于"苏南模式"的学术理论一经提出，立即引起苏南地区广大实践工作者的强烈共鸣，也引发许多理论学术工作者深入研究的极大兴趣。大家出于"总结苏南农村经济社会发展的成功经验""探索中国特色农村工业化城镇化道路"的共同目的，纷纷前来苏南地区考察和调研，并从不同的角度，就"苏南模式"的内涵做出了各自的归纳和表述,并逐步形成了"四为主一共同"的基本共识,即认为"苏南模式"的主要内涵和基本特征是:以集体经济为主体,以工业为主导,以市场调节为主要手段,以政府领导推动为主要运行机制,以实现共同富裕为目标。大家还一致认为,"苏南模式"的核心是乡镇工业。正是由于乡镇工业的异军突起,使苏南地区率先走出了一条农村经济快速发展、农民共同富裕的成功之路,最大限度地发挥了社会主义制度的优越性,有效地缩小了城乡差别,为实现城乡一体化奠定了基础。

费孝通先生在他的《对中国城乡关系问题的新认识——四年思路回顾》一文中讲道:"我们说的'模式',是指在一定地区一定历史条件下具有特色的经济发展过程。"从这个意义上说,"苏南模式"不失为改革开放初期中国县域经济发展的主要经验模式之一。

乡镇企业在苏南农村遍地开花。图为吴县康乐食品厂巧克力包装车间

改革开放初期苏州为实现城市工业的发展壮大实施了哪些重大举措？ 苏州家电工业"四大名旦"指的是什么？

苏州城市工业即县属以上工业，1982年年末共1 405家，其中全民企业522家、大集体企业883家。1982年下半年起开展了历时3年的企业整顿，全面提升了各项管理水平；1983年地市合并后大力组织城乡企业之间开展横向经济联合，实现优势互补；1984年起积极推进以名优产品和骨干企业为龙头组建企业联合体，组织资源融合和生产协作配套；1985年起组织制定并实施《"七五"工业技术改造规划》《发展高新技术规划》，积极鼓励和引导企业走外向开拓发展之路，以十二届三中全会精神为指导全面推进企业改革，努力搞活大中型企业。在这一系列举措的共同作用下，市、县属企业加快发展，呈现多级联动、内外并举、量质齐升、传统产业和新兴产业并驾齐驱的崭新发展局面，形成了一波连续5年每年递增20%左右的发展高潮。1988年年末开始的3年治理整顿期间，制定并实施《工业结构调整意见》《关于扶持重点产品重点企业、促进工业结构调整的意见》，积极引导和组织广大企业主动进行适应性调整，整个市属工业发展速度虽有所放慢，但仍保持10%左右的年递增率。1983—1991年的9年中，市县属工业总产值实现翻两番；县属企业基本摆脱了几十年"小、低、散"（企业规模小，技术档次和竞争能力低，生产经营各自为战、组织化程度不高）的发展格局，进入了企业生产规模、技术装备水平、产品竞争能力、人员综合素质和经营管理水平都比较高的现代工业发展新阶段，涌现出一大批在全省、全国同行中具有一定地位的"小巨人"企业和拳头产品。

从20世纪80年代中后期起，苏州市属工业中崛起了国内家电工业的"四大名旦"——"长城"电扇、"香雪海"冰箱、"孔雀"电视机、"春花"吸尘器，到20世纪90年代初，均荣获国家优质产品银质奖，深受广大消费者青睐，在国内保持较高的市场占有率，并均出口海外。这4家企业中，有3家跻身中国工业企业500强之列并被认定为国家一级企业，吸尘器厂则成为国内同行中唯一的国家二级企业。以"四大名旦"为龙头，带动全市城乡五六百家企业，组成4个联合体，每年创造的产值和利润都占到市区工业的1/4左右。由此，家电工业成为苏州地方工业的支柱行业，为全市工业经济的发展壮大做出了极其重大的贡献。

20世纪80年代中期苏州家电工业"四大名旦"（"春花"吸尘器、"孔雀"电视机、"香雪海"冰箱、"长城"电扇）生产车间

苏州"科技兴市"战略是如何逐步提出的?

1983年11月,市委、市政府制发《关于加强科技工作的意见》,要求各级各部门加强领导,做好科技工作的组织协调和业务指导,搞好科技人员的合理流动和人才开发,组织好重点科技攻关及科技成果的引进和推广应用工作。科技体制改革在探索中逐步展开。是年,市政府成立苏州市科学技术开发中心,为中小企业提供技术市场中介服务。1984年9月苏州市第六次党代会首次把"科技先进"作为全市经济社会发展的目标任务之一。1985年,苏州市贯彻《中共中央关于科学技术体制改革的决定》,制定了具体贯彻实施意见,全市的科技体制改革在多个方面初步推进。这些发展战略思想和工作部署、改革举措的提出,使得"科学技术是第一生产力"的思想观念在全市上下深入扎根,科技进步成为20世纪80年代全市经济发展的主要举措,科技工作自身的活力和动力不断增强。1989年1月,市委六届八次会议决定实施"科技兴市"战略,使全市经济社会的发展转移到依靠科技进步的轨道上来。4月,市委、市政府召开全市科技工作会议,进一步宣传"科技兴市"的重要意义,做出《关于依靠科技进步,振兴苏州经济的决定》(又称"科技兴市"决定),制定"科技兴市"的35条政策措施。12月召开的市第七次党代会又进一步提出,"科技兴市"是关系苏州市经济持续发展提高的重要战略，要把经济发展的生长点放到科技进步上来。其后，市政府出台了贯彻实施"科技兴市"战略、扶植科学技术发展的35条政策措施。"科技兴市"战略确立后，全市各级各部门积极、全面地组织实施，科技工作显现勃勃生机。1986—1990年，全市各类专业技术人员由7.94万人增至10万多人，占职工总数的比重为10.8%；全市地方科研机构的技术装备增值3倍，技术性收入翻了两番。1983—1991年，全市共获得国家发明奖7项、国家科技进步奖26项、省科技进步奖461项、市科技进步奖1 218项；科技进步对工业、农业总产值增长的贡献率分别达到近40%和50%。

苏州冶金机械厂研制生产的可替代进口装备的大型先进装备

新时期苏州第一次全面整党是何时开展的？

经过改革开放后几年的恢复和整顿，党的状况有了很大改善，党的队伍的主流仍然是纯洁的和具有强大战斗力的，但在新的历史条件下资本主义腐朽思想和封建残余思想的影响和侵蚀有所增加，党内仍然存在许多问题。1983年10月，中共十二届二中全会做出决定，从1983年冬开始，用三年时间对党的作风和组织进行一次全面整顿。这次整党的任务是统一思想，整顿作风，加强纪律，纯洁组织；步骤是从中央到基层组织，自上而下、分期分批地进行；基本方法是在认真学习文件、提高思想认识的基础上，开展批评和自我批评，分清是非，纠正错误，纯洁组织，党的每个组织经过整顿，在处理了必须处理的问题的基础上，最后郑重地进行党员登记。按照中央和省委的部署，市、县及以下的整党从1984年冬、1985年春开始，分三批进行。1984年10月，市委成立整党办公室，部署搞好昆山县、市化工局2个单位的试点和全面展开的准备工作。1985年2月，市委召开第一批整党动员会，市四套班子及各部委办局109个单位开始首批整党。到1987年1月，全市整党基本结束，共有14 100多个党组织22.28万名党员参加了这次整党；全市受到组织处理、处分的党员共1 217人，因长期消极落后、不起党员作用而不予登记的有128人，缓期登记的有253人，取消预备党员资格的有28人。这次整党基本上达到了中央提出的四方面要求,为推进苏州的改革开放和现代化建设提供了有力的政治保证和组织保证。

1985年1月11日至12日,苏州市委召开六届二次全会,部署整党工作。图为《苏州报》有关报道

苏州农村第二步改革的主要内容有哪些?

中共十二大后,按照中央的统一部署,结合本地的实际,苏州农村又组织实施了以实行政社分设、改革农产品统派购制度、调整农村产业结构、发展农业适度规模经营、建立和完善统分结合的双层经营体制等为主要内容的第二步改革,逐步建立完善了适应新时期要求的农村上层建筑和经济管理新体制,迈开了农村经济向专业化、商品化、现代化的转变步伐,给苏州农村带来了蓬勃生机和活力,带来了历史性的巨大变化。一、从政社分设到取消人民公社。1983年,中央一号文件提出"改革人民公社体制""实行政社分设"的农村改革任务。1983年10月,全市除太湖公社因情况特殊外,其余全部完成乡、村两级的体制改革,比中央要求的1984年年底以前大体完成的时间提前了一年多。苏州在实行政社分设之后,虽然实行"政社合一"的人民公社体制已经被废除,但"人民公社"的名称并没有立即被取消,并以"公社经济联合委员会"的名义,继续承担着农村集体资产经营管理的职能。1990年11月,市委、市政府正式颁文并组织实施撤销乡(镇)的人民公社经济联合委员会,成立乡(镇)农工商总公司,延续了30多年的人民公社在苏州正式被取消。二、推行农产品流通体制改革。1985年1月,中共中央、国务院发布《关于进一步活跃农村经济的十项政策》,把"改革农产品统派购

制度"列为首项,宣布:从当年起,除个别品种外,"国家不再向农民下达农产品统派购任务,按照不同情况,分别实行合同定购和市场收购"。在此前后,苏州的粮食、油料、棉花、生猪等主要农产品统派购制度改革逐步有序展开。1985年起,适应农村家庭联产承包责任制全面推行的新情况,苏州市对农业税征收制度也进行了改革。20世纪90年代农产品统购统销体制改革进入攻坚阶段。1994年,随着最后一项蚕茧退出统购统配,主要农产品流通体制改革在苏州全面完成,农民真正获得了生产经营的自主权,走上了发展商品经济之路,也极大地促进了全市农村产业结构的调整。三、建立完善统分结合的双层经营制度。1983年12月,市委发出《关于进一步完善农业生产责任制的意见》,全市以建立和完善"分散经营和统一经营相结合的双层经营体制"为目标,抓紧构建"农村经济新体制的框架"。全市初步形成"国家服务为龙头、合作服务为主体、个体服务为补充"的市、县、乡、村四级服务网络,农业和多种经营服务系统的自我发展实力也大大增强,实现了良性循环发展,较好地适应了农村实行家庭联产承包责任制的需要。

太仓县多种经营服务公司挂牌成立

20世纪80年代末,苏州经济实现"农转工"的第一次历史性跨越有何含义?

改革开放后至20世纪80年代末,苏州在经济总量大幅提升的同时,实现了经济结构的大力调整,最突出的一点就是全市的经济工作重心和主体由千百年来的农业为主转变为工业为主。一、从劳动力结构比重变化来看,20世纪80年代初农村家庭联产承包改革和苏州乡镇工业第二个大发展高潮后,农村劳动力大量从土地上解放出来,向乡镇企业转移,1985年,工业从业人员首次超过第一产业,1990年,第二产业从业人员首次超过全社会从业人员的一半;二、从工农业总产值构成比例调整变化来看,全市农业总产值占工农业总产值的比重,从1978年的27.88%下降到1985年的12.66%,1990年下降到不足10%。经过10多年的发展演变,尽管农业在国民经济中的基础地位没有变,但在苏州的经济结构中,农业已退居次要地位,工业经济开始占据主导地位。苏州在全省乃至全国地级城市中率先完成了"农转工"的工业化演变,成为苏州发展史上的一个重要里程碑。

20世纪80年代苏州乡镇企业的先进典型——吴江达胜皮鞋厂

1985年制定的《苏州市对外开放实施方案》做出了哪些重大部署?

1985年2月,中央做出在长江三角洲等沿海地区开辟经济开放区的重大决策后,苏州市委、市政府迅速组织制定《苏州市对外开放实施方案》(简称《方案》),果断提出全面实施"外向带动"战略,促进苏州对外开放新局面的早日形成。《方案》提出:苏州的对外经济开放要从自己的实际情况出发,发挥本地自然、劳力、旅游资源比较丰富的优势,发挥本地工业基础较好、产品有一定竞争力的优势,利用靠江近海、交通方便、拥有港口等优越条件,扬长避短,确定一条具有自己特色的路子,努力实现贸—工—农、出口创汇—引进技术—扩大出口、外引—消化—向内转移这三个良性循环,振兴苏州经济,为社会主义现代化建设多做贡献。要努力把苏州建设成为重要的外贸出口商品生产基地、区域性的内外贸易商埠、掌握现代科学技术和现代管理知识的经济区、具有一流水平的重点风景旅游区;要使外贸出口的增长速度逐步超过国民生产总值的增长速度,争取提前实现翻两番的目标,人均国民生产总值至2000年达到1 800美元,成为文明富裕的地区。《方案》首次提出苏州经济要逐步实现以内向为主向以外向为主的重要转变。

按照市委、市政府的部署,全市上下以发展外向型经济为"牛鼻子",实行外贸、外资、外经"三外齐上、三外联动",努力迈好对外开放的第一步。外贸一马当先。原有外贸生产企业积极适应国际市场需求,扩大出口;许多国有、集体、乡镇企业也积极谈项目、跑口岸,努力开拓外贸生产加工业务,"外贸优先"由理念迅速变成现实。从1985年起,全市外贸商品收购总额以每年50%以上的速度递增,1988年总量已突破200亿元,并从这一年起开展自营进出口业务。外资积极开拓。1985年,成立市利用外资领导小组办公室,各地也开始设立专门招商机构和配备人员,当年就实现历史性突破,共批准外商投资经营企业11家,合同外资近1亿美元,实际利用外资1 100万美元。1989年,全市累计开办外资企业近150家,约占全省的40%,实际利用外资上升到1.5亿美元。外经逐步探索。1986年5月,苏州市第一批171名纺织技术工人赴苏丹,开展对外劳务合作。1987年7月,常熟丙纶厂到泰国合资办厂,开了全省出国办厂的先河。1988年2月,苏州有线电一厂与荷兰飞利浦公司签订程控交换机技术转让合同,成为全省第一个外商技术转让项目。同年6月,苏州市举办首届对外经贸洽谈会,7月,昆山经济开发区向外商有偿出让15亩国有土地使用权,又创下省内第一。这些表明苏州市的对外经济合作交流有了良好开端。

短短几年中,苏州的外向型经济从无到有、从小到大,为20世纪90年代的迅速崛起打下了良好的基础,更为全市经济更快更好地发展增添了新的增长极。

江苏省人民政府关于苏州、无锡、常州市对外开放实施方案的批复

"碧溪之路"是怎么形成的？又是如何推动小城镇建设走上发展快车道的？

苏州农村的小城镇大都有着悠久的历史，全市所有的县属镇和85%的乡所在地的集镇都是中华人民共和国成立前早就存在的。改革开放后，苏州农村经济迅速发展，特别是乡镇工业的蓬勃兴起，以及集镇商业的渐趋繁荣、集贸市场的日益兴旺、交通条件的不断改善，使小城镇建设进入发展的快车道，面貌发生了极为深刻的变化。常熟市碧溪的小城镇建设不失为典型代表。碧溪，位于常熟市东北部的长江之滨。同所有的苏南农村一样，人多田少，在当时的科技条件下，充盈的劳动力用在这有限的土地上，人均收入很难有提高。十一届三中全会后，农村家庭联产承包责任制大大解放了生产力，推动了农村产业结构的调整和非农产业的发展，农村富余劳动力亦从农业转向工业，从田头走向工厂，从单纯务农趋向亦工亦农。碧溪从实际出发，在搞好农业生产特别是棉花生产的同时，因地制宜发展社队工业。社队工业得到快速发展的同时，也带动了集镇建设及农民收入的提高。农民白天进厂上班，早晚抽空务农，进厂不进城，亦工又亦农。务工收入加务农收入，使农民的钱袋子逐步鼓了起来。碧溪加快走上了农副工综合发展之路。1983年，全乡乡镇工业产值达到5 000多万元，比1978年增长近2倍。伴随乡镇工业的兴盛，碧溪的小城镇面貌和农民的生产方式与生活方式也发生了翻天覆地的变化。集镇上汇聚了21家乡办工厂，建有2万多平方米厂房、拥有5 000名工人，加上原城镇居民、从事其他工作的职工1 000余人，集镇人口比改革开放前猛增了10倍多。依托乡镇企业提供的资金，集镇上还先后建办了医院、百货商场、文化中心、电影院，翻建了中、小学校，整个市镇面积比1978年扩大将近一倍。

1984年2月，《人民日报》头版刊登《碧溪乡发展农副工建成新型集镇》的报道。随后，新华社播发通讯《碧溪之路》，并配发编者按，对碧溪依托乡镇工业的发展建设小城镇的做法和经验给予了高度评价，指出：社队企业的崛起，有利于"以工补农"，也有利于发展农村小集镇，加快农村经济文化中心的建设。全国逐步建立起成千上万个像碧溪这样的小集镇，亿万农民离土不离乡，到镇上做工、经商、从事服务业，这样对我国安排农村剩余劳动力、繁荣商品经济，具有战略意义，是建设中国特色的社会主义的一项重要内容。1984年，碧溪乡成为常熟首批4个农副工三业总产值"亿元乡"，跨入了江苏省首批"亿元乡"行列，农民人均收入768元，比1978年增长2.25倍。1985年11月，城乡建设部将碧溪乡列为全国3个集镇建设试点单位之一，同年12月，省政府批准碧溪乡为全省首批对外开放重点工业卫星镇（乡）之一。1986年4月，碧溪实施撤乡建镇，成为一个颇具规模的建制镇。由此，苏州的干部群众和国内的理论工作者,开始把苏州以至苏南地区依托乡镇工业的发展、促进小城镇建设、闯出一条符合我国国情的农村城镇化成功之路的做法和经验,形象地称为"碧溪之路"。

左图为1984年《人民日报》头版对碧溪建设成新型集镇的报道,右图为碧溪社办厂职工下班时的热闹景象

"昆山之路" 由何而来?

改革开放之初的几年间,昆山一直背着一个田多劳少、每年要向国家上缴 2 亿公斤左右商品粮的包袱,不敢发展工业,错失了苏南乡镇工业大发展的机遇,经济发展,尤其是工业明显地落到了苏州所辖 6 县(市)的后面,被称为"小六子"。1984 年 1 月,县委组织全县干部大讨论后做出大力发展工业的决定。8 月,昆山人以敢为天下先的创新意识,决定在玉山镇的东南侧开辟一个工业新区(当时又名玉山新区)。这几乎比国务院批准建立全国第一个经济开发区——大连经济技术开发区的时间还要早一个多月。1985 年 2 月,确定新区首期开发面积 3.75 平方公里。昆山开发区成为全省第一个启动建设的以招商引资、发展现代工业和外向型经济为目标的开发区。建设之初,既没有国家给的"名分",又没有国家给的资金和政策优惠,属于"自费"开发区。县委、县政府借鉴沿海城市开发区的经验教训,坚持"富规划,穷开发",采取"依托老城,开发新区"的策略,实行"滚动发展,逐步延伸"的方式,走出了一条投资少、速度快、效益好、自费开发的成功之路。到 1987 年年末,昆山共投入 1 200 万元用于基础设施建设,平均每平方公里费用不到"国批"开发区的 1/10;累计有 17 家企业进区建厂,其中外商投资企业 4 家;当年完成工业总产值 3.1 亿元、外贸出口额 834 万美元,实现利税

1 528万元、财政收入350万元。1988年6月,昆山工业新区更名为昆山经济技术开发区,开发建设的力度进一步加大。7月22日,《人民日报》在头版刊登《自费开发——记昆山经济技术开发区》的长篇通讯,并发表《"昆山之路"三评》的评论员文章,指出"尽管中央确定的沿海开发区没有它,尽管国家投资的计划表上找不到它的份额,3年之后,昆山经济技术开发区却初具规模,奇迹般地出现在人们面前",赞扬昆山开发区发扬自力更生、艰苦奋斗的精神,不要国家一分钱,靠内部挖潜,靠量力而行,靠精打细算,靠因陋就简,走出了一条"富规划,穷开发"的"昆山之路"。"昆山之路"由此而来。1990年12月,《人民日报》刊登题为《于无声处听惊雷——来自昆山经济技术开发区的报告》,配以《以软补硬》编后小议的文章说:昆山经济技术开发区的成功,在于从转变观念入手,走"穷开发之路",软硬兼备,以软之长补硬之不足。1991年1月,昆山作家杨守松创作出版介绍昆山开发区发展历程的报告文学《昆山之路》,发行全国,反响强烈。

1985年,昆山将玉山镇东南约6平方公里的规划新区,创办为以吸引外商投资为主的经济技术开发区,成为全国第一个自费创办的县级经济技术开发区

中共苏州市第六次代表大会是何时召开的?

中共苏州市第六次代表大会,于1984年9月23日至27日召开。这次大会是在全市20多万名党员和广大干部群众意气风发地为实现党的十二大确定的宏伟纲领、全面开创社会主义现代化建设新局面的历史进程中召开的,也是苏州实行地市合并之后召开的首次党代会。

大会回顾总结了市第五次党代会以来的工作,讨论和确定了以后的奋斗目标及各项任务;听取和审议了戴心思、王士诚分别代表市委、市纪委所做的工作报告,并通过了相应的决议;选举市委委员38名、候补委员7名,组成中共苏州市第六届委员会。同时还首次选举产生了中共苏州市纪律检查委员会。

大会号召全市各级党组织和广大党员,解放思想,振奋精神,锐意进取,全面开创苏州城乡社会主义现代化建设的新局面,在1984年到1990年的7年中夺取新的"七战七捷",实现工农业总产值再翻一番,为后10年经济振兴打好坚实的基础,成为全国率先富裕起来的地区之一。

接着举行的市委六届一次全会,选举产生了市委常委12名,戴心思当选市委书记。1987年3月、1989年8月,高德正、王敏生先后担任六届市委书记一职。

1984年9月23日至27日,中共苏州市第六次代表大会召开

1986年国务院批复的苏州市城市总体规划中确定的苏州城市建设方针和全面保护古城风貌的具体内容是什么?

1986年6月13日,历经10年修编的《苏州市城市总体规划》获国务院正式批复。批复明确了苏州的城市性质、历史文化地位和以后(至2000年)的建设方针,指出:"苏州是我国重要的历史文化名城和风景旅游城市。""今后的发展建设,要在保护好古城风貌和优秀历史文化遗产的同时,加强旧城基础设施的改造,积极建设新区,发展小城镇,努力把苏州逐步建成环境优美、具有江南水乡特色的现代化城市。"

批复要求苏州正确处理好保护古城和现代化建设的关系,原则同意总体规划中确定的全面保护古城风貌的范围和五个方面的具体内容。全面保护苏州古城风貌的范围是:一城二线三片。一城指护城河以内的苏州古城;二线指山塘街、山塘河一线和枫桥路、上塘河一线;三片指虎丘片、枫桥镇片和留园、西园片。全面保护苏州古城风貌五方面的内容是:一、保护三横三纵一环的水系和小桥流水的水巷特色,对现有三横三纵水道系统中被堵塞的干将河一段要加以疏通,其余有条件的河段要加宽,并继续整修小桥驳岸,加深河床,改善路河空间关系;水道两岸房屋要控制层高,并保持古城建筑的特色,体现出小桥流水的优美景观,对重点地段沿河两岸50米以内的房屋高度也要控制,同时要加强沿河区绿化。二、保护路、河并行的双棋盘格局和道路景观。除已拓宽的人民路、道前街等道路及通往各城门的干道和城内环路适当加宽外，其余道路特别是众多的小街小巷一般仍保持原状，但路面要加以改造，以形成苏州特有的自行车专用路网体系。三、保护古典园林、文物古迹及古建筑。对现有文物古迹要根据其本身的历史和艺术价值，实行分级保护。对各级保护区内的建筑都要规定层高及形式。对古典园林，除继续保护好现已对外开放的名园外，对保存较完整而又可以恢复的 70 多处古典园林，尤其是有代表性的 28 处，要逐步修复。对现有较完整的 253 处明清古建筑，除已列入文物保护单位的 221 处外，将根据本身的历史价值和现场条件，分别申报列入文物保护单位，或创造条件开放利用，其余要明确保护要求，并统一建立档案，由使用单位代管。四、继承和发扬古城环境空间处理手法和传统的建筑艺术特色。建筑物之间，建筑物与道路、围墙、树木、花草、假山、桥梁之间的空间尺度，都要认真吸取传统的手法，整个古城要处处使人感到是具有高度艺术修养的空间环境。对保护区内的新构筑物，要在形式、体量、色彩等方面严格控制。五、继承发扬优秀的地方文化艺术。经过 2 500 年历史所逐步形成的丝绸、纺织、刺绣、雕刻、食品及吴门画派、吴门书法、吴门医派、昆剧、评弹等地方传统文化艺术，都要认真研究，加以保护和发扬。

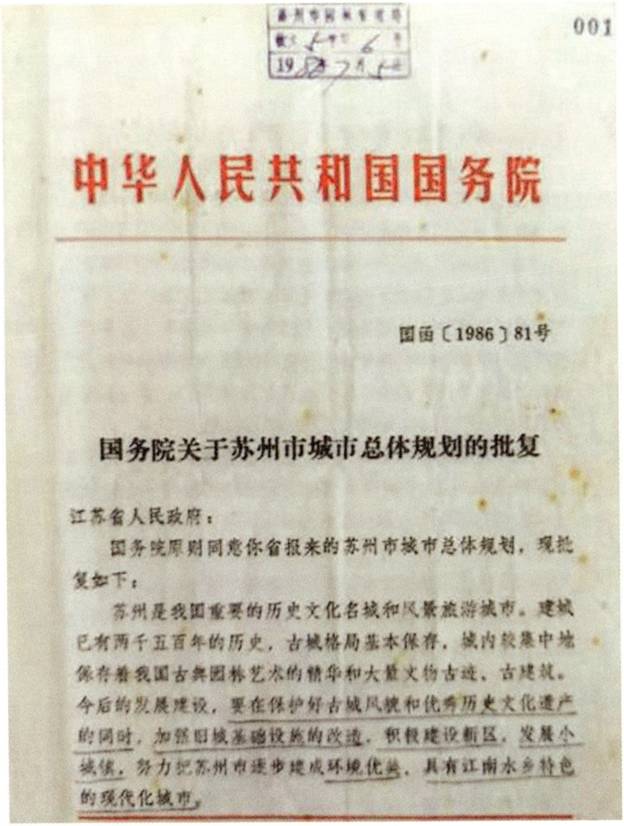

中华人民共和国国务院

国函〔1986〕81号

国务院关于苏州市城市总体规划的批复

江苏省人民政府：

　　国务院原则同意你省报来的苏州市城市总体规划，现批复如下：

　　苏州是我国重要的历史文化名城和风景旅游城市。建城已有两千五百年的历史，古城格局基本保存，城内较集中地保存着我国古典园林艺术的精华和大量文物古迹、古建筑。今后的发展建设，要在保护好古城风貌和优秀历史文化遗产的同时，加强旧城基础设施的改造，积极建设新区，发展小城镇，努力把苏州市逐步建成环境优美、具有江南水乡特色的现代化城市。

国务院关于苏州市城市总体规划的批复

苏州新区开发建设的总体规划是怎样的？

20世纪80年代初，国务院将苏州列入全国重点风景旅游城市和首批国家历史文化名城后，苏州市委、市政府意识到，苏州只有在古城以外另辟新区，才能从根本上解决好保护古城和发展经济、建设城市、改善居民生活环境之间的矛盾。1981年第一次上报审批的《苏州市城市总体规划》中首次提出了"保护和改造老城区，建设城郊区，重点发展小城镇"的城市建设方针。1986年6月国务院批复苏州城市总体规划后，苏州开始把新区的开发建设放在与全面保护古城风貌同等重要的位置，在河东新区基本形成的基础上，不失时机地向大运河以西推进。

按总体规划，新区的规划开发范围为东至外城河，南至胥江、大运河，西至狮子山、何山西麓，北至枫桥河、齐白桥路；规划总面积26.48平方公里，其中大运河以东11.37平方公里，大运河以西15.11平方公里。在开发建设步骤上，先集中力量发展运河以东地区，河东基本成型后再向河西地区推进。新区规划布局：工业区，占新区总面积的14.2%；居住区，运河以东片区在已居住6.2万人基础上增加至11万人，运河以西片区计划安置14万人居住；绿化区，占总面积的13.86%，规划在何山和狮子山建设两座综合公园，并配建游乐园；新区中心，规划在彩香浜和白莲浜、三香路和金门路之间地块建设，内有金融贸易、商业服务、科技信息中心及体育中心、青少年宫、综合性医院等大型公共设施并预留行政机关用地；运河以西片区，初步安排科研文教区、经济贸易中心区，在狮子山麓开辟宾馆区，并设若干居住中心。

  河东新区先后开发建设了三香路、狮山大桥、滨河路、狮山路、竹园路等主干道路桥梁，为向河西新区推进布局拉开了帷幕；在河东地区开发建设了彩香、三元等大型住宅小区和胥城大厦、雅都大酒家、附二院、彩香中学、三元中学等一批商服文卫设施。至 1990 年 9 月，11.37 平方公里范围的河东新区，道路网络基本形成，城市功能初步完善，共建成住宅 100 多万平方米，公共建筑配套设施 10 多万平方米，居住人口超过 10 万人，其中绝大部分从老城区迁徙而来，有效减缓了古城区人口压力。河东新区的开发建设把苏州城市建设发展推上了快车道。1987 年 9 月，狮山大桥破土动工，标志着苏州新区的开发建设开始由河东向河西挺进。1990 年 11 月，苏州明确"苏州新区"的称谓专指运河以西的新区。到 1991 年年底基本形成河西新区启动区的形态开发，成为 20 世纪 80 年代苏州城市建设中的最大亮点。

1992年11月，国务院批准苏州河西新区为国家高新技术产业开发区。图为苏州新区开发介绍会现场

中共苏州市第七次代表大会是何时召开的?

中共苏州市第七次代表大会于 1989 年 12 月 6 日至 8 日召开。正式代表 595 名,代表全市 258 296 名党员。

这次大会是在即将告别 20 世纪 80 年代、进入 20 世纪 90 年代之际召开的。大会以党的十三届四中、五中全会精神为指针,全面回顾了市第六次党代会以来五年市委各方面的工作,肯定了在两个文明建设中所取得的显著成绩,指出了在经济建设、处理两个文明建设关系、党的自身建设等方面存在的不足。大会确定了苏州以后五年的发展目标和工作任务,提出用三年或者更多一些时间完成治理整顿任务,坚定地把改革开放继续推向前进,使苏州市的对外开放取得新的突破,积极推进社会主义精神文明建设,进一步加强民主法制建设,聚精会神地抓好党的自身建设。大会号召各级党组织和全市人民紧密团结在以江泽民同志为核心的党中央周围,坚定不移地沿着党的基本路线指引的方向继续前进,振奋精神,同心协力,为夺取全市两个文明建设的更大胜利而努力奋斗。

大会听取和审议了王敏生代表上届市委做的工作报告、王士诚代表市纪委做的工作报告,并通过相应决议。大会选举产生了七届市委和新一届市纪委。8 日,市委七届一次全会选举产生市委常委 11 名,王敏生为市委书记。

1989年12月6日至8日,中共苏州市第七次代表大会召开

苏州何时全面实施九年制义务教育？

1992年12月，苏州市政府公告宣布：全市166个乡（镇）和市区所有中小学共2 988所，已全部通过验收，达到江苏省实施义务教育办学条件标准；自1993年起依法进入全面实施九年制义务教育阶段。由此，苏州市成为全国第一个依法全面实施九年制义务教育的城市。1993年起，苏州根据《义务教育法》实施细则的规定，施行《苏州市实施〈义务教育法〉办法》，实行九年制义务教育证书制度，凡在小学、初中和特殊教育学校修业累计满9年的学生，经市、县教育主管部门核准后，由学生所在学校发给其证书。1997年起实施《改造义务教育阶段薄弱学校行动计划》，至2000年上半年改造任务全部完成。全市小学的入学率、巩固率、毕业率均达100%，初中的入学率、巩固率、毕业率分别为99.97%、99.96%和99.15%，苏州的九年义务教育各项主要指标都已达到很高水平，基本实现了"学有所教"和"教育公平"的目标。

黄桥实验小学电子阅览室

苏州获批成为"较大的市" 有何意义?

1979年制定的《中华人民共和国地方各级人民代表大会和地方各级人民政府组织法》,引入了"较大的市"这一政治法律概念,主要是赋予其地方部分立法权,通俗说法叫"半个立法权"。至1992年年底,我国的"较大的市"共有48个,其中省委城市27个、经济特区城市4个、国务院先后3次共批准的一般城市17个;其中江苏2个,一为省会南京市,一为1984年获国务院批准的无锡市。经苏州积极争取、创造条件,1993年4月22日,国务院批复同意苏州市为"较大的市",可以根据《中华人民共和国地方各级人民代表大会和地方各级人民政府组织法》的有关规定,制定地方性法规和规章。这是全市人民政治生活中的一件大事,标志着苏州市国家权力机关和行政机关法律地位的提高,从整体上提升了苏州政治、法律等方面的地位,进一步扩大了在国内外的影响。取得地方立法权后,苏州市可以运用法律手段增强政府的宏观调控能力,促进全市社会主义民主与法制建设的进程;可以通过加强法制建设,特别是通过立法工作,及时把苏州改革开放和经济建设中的成功经验以地方性法规和规章的形式固定下来,在国家和省尚未立法的领域,制定符合苏州实际的地方性法规和规章,为苏州的改革和发展创造良好的法制环境,提供有力的法律保障,对全市社会、政治、经济等领域产生重大影响。

1993年9月9日,市第十一届人大常委会第三次会议审议通过《苏州市人大常委会关于制定地方性法规的规定》(简称《规定》),经省第八届人大常委会第四次会议批准,于同年11月16日公布施行,这是苏州市第一个地方性法规。《规定》对制定地方性法规的基本原则、程序等做出了具体、详尽的规定,标志着苏州市的地方立法工作从一开始就纳入了规范化的轨道。1993年10月20日,颁布了《苏州市人民政府制定规章的规定》,这是苏州首个政府规章,并首次以市长签署"苏州市人民政府令"的形式颁布。之后,市政府每年都依法制定、颁布一批经市人大常委会审议通过的地方性法规,制定颁布一批政府规章和规范性文件,成为依法行政和依法治市的重要法律依据。

自1993年4月苏州市被国务院批准为"较大的市"、依法取得地方立法权以来，市人大及其常委会把立法工作摆在重要位置，紧扣实际，积极、稳妥地开展地方立法工作。图为1996年的立法工作座谈会会场

什么是"张家港精神"？产生了什么重大影响？

"团结拼搏、负重奋进、自加压力、敢于争先"的"张家港精神"，被列为苏州"三大法宝"之首，是张家港人在20世纪90年代初以马克思主义中国化的理论成果为指导，对自己创业实践的高度提炼和概括。"张家港精神"的本质是建设中国特色社会主义事业的艰苦创业与和谐发展精神，"张家港精神"的核心是中国共产党人的实事求是、解放思想、开拓创新、自强不息的精神，"张家港精神"的特征是苏州人民的争先创优精神。张家港市的前身是1962年由常熟、江阴各划出部分边远公社建立而成的沙洲县，是当时苏南地区底子薄、经济基础比较差的县。建县之初，全县年生产总值不足1亿元，财政收入不足1 000万元，一度被称为"边角料""苏南的苏北"。20世纪70年代末，县委、县政府所在地杨舍镇，工业产值在苏州6个县的城关镇中位于倒数第一。1978年，秦振华出任杨舍镇党委书记。为了迅速改变落后面貌，镇领导班子带领全镇干部群众顽强拼搏，艰苦创业，"两个文明"一起抓，1985年杨舍镇成为江苏第一个工农业产值突破1亿元的县城镇，1991年一跃成为苏州乡镇发展的排头兵。在创业过程中形成的"为官一任、造福一方，顾全大局、乐于奉献，扶正祛邪、敢于碰硬，雷厉风行、脚踏实地，严于律己、以身作则，自加压力、永不满足"的"杨舍精神"，就是"张家港精神"的雏形。1992年1月,秦振华出任张家港市委书记。张家港市委在总结以往发展经验的基础上,把"杨舍精神"提炼升华为"团结拼搏、负重奋进、自加压力、敢于争先"的"张家港精神"。在秦振华和张家港市委的带领下,乘着邓小平南方谈话发表的强劲东风,张家港大胆解放思想,自加压力,瞄准先进,提出"三超一争"(工业超常熟、外贸超吴江、城建超昆山,样样工作争苏州乃至全国第一)的奋斗目标,至年末"三超一争"目标全面实现。在以后的几年中,张家港人拼搏奋斗、不断进取、追求卓越,又接连创下了28项"全国第一",创造了令人瞩目的张家港速度和气魄,显示了"张家港精神"的强大威力。是年8月起,苏州市委号召全市上下学习和发扬"张家港精神",加快苏州改革开放、经济建设和城乡建设步伐。6个县(市)之间形成了一种你追我赶、争先创优的强烈竞争态势,正如《人民日报》记者所描述的那样:苏州大地变成了"六虎"争雄的角逐场。在1993年第二届全国百强县评定中,苏州占据了前10强中的4席,其中张家港列全国第4。1994年第三届全国百强县评定中,张家港进位为全国百强县第2位,其他5县(市)分列第6、7、9、11、13位,足显苏州县域经济发展之快和整体实力之强盛。由此,苏州经济驶上发展快车道,开始成为全国地级城市的发展排头兵。

"张家港精神"一经产生便得到中央和各级领导的高度

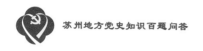

关注,在全国起到了较大的典型引路、推动发展的示范作用。1995年3月,江苏省委在张家港召开了"以经济建设为中心,两个文明一起抓"经验交流现场会,组织推广张家港经验,弘扬"张家港精神"。5月中旬,江泽民来到张家港考察,对"张家港精神"推动下的建设发展成果充分肯定,并欣然为"张家港精神"题词。1995年10月,中宣部和国务院办公厅在张家港市召开全国精神文明建设经验交流会。1996年4月,中宣部又在张家港市举办全国市委书记精神文明建设研讨班,把"张家港精神"引向了全国。全国各大媒体纷纷宣传报道,张家港改革开放之后的快速崛起,被誉为中国特色社会主义"伟大理论的成功实践"。秦振华同志作为"张家港精神"的塑造者,1995年"七一"前夕被中组部授予"全国优秀县委书记";2018年12月纪念改革开放40周年时被中共中央、国务院授予"改革先锋"国家荣誉称号;2019年国庆前夕,经中央批准,中宣部等九部委隆重表彰为新中国成立和建设发展做出卓越贡献的英雄模范,秦振华又被授予"最美奋斗者"国家荣誉称号。

1995年10月,全国精神文明建设经验交流会在张家港召开

什么是"园区经验"？它又有什么重大意义？

苏州工业园区是中国和新加坡两国政府间最大的经济技术合作项目，在艰苦奋斗的创业历程中孕育形成了以"借鉴、创新、圆融、共赢"为核心思想和内容的"园区经验"。"园区经验"的形成主要有三个阶段。一是基础初奠阶段。1994年2月，中新两国政府在北京正式签署《关于合作开发建设苏州工业园区的协议》。5月，园区首期开发启动典礼举行。园区创业之初，园区人养成了"艰苦创业、乐于奉献、团结拼搏、务实争先"的工作作风，逐渐形成了推进跨越发展的精神支柱。二是加速发展阶段。迈入21世纪，园区进入了中方控股、加速发展的新阶段。这一时期，最为鲜明的亮点和特色，就是"亲商理念"在园区的生根、开花、结果。园区人将"亲商理念"概括为：政府本着"开放融合、尊商惠民、创新创优、和谐共赢"的理念，通过"尊商、引商、留商、便商、安商、富商"等具体举措，规范政府行为，提升服务效能，降低商务成本，优化投资环境，吸引和集聚国际先进产业进区发展，帮助企业实现最佳投资回报，促进政府、企业、社会多方共赢，成功打造最适合企业发展和人居创业的新天堂。三是转型发展阶段。2004年，以开发建设十周年为新的起点，全区上下进一步优化和调整工作的着力方向和主攻重点，呈现出外向开放、多元共存的多样性，海纳百川、兼容并蓄的包容性,"亲商理念"已经难以完整地概括其丰富内涵和深厚意蕴。在中新联合协调理事会第七次会议上,中新双边工作委员会向大会提交了园区经验研究报告;江苏省委研究室和苏州市委研究室最后确定"园区经验"主题词为:"借鉴、创新、圆融、共赢"。"借鉴、创新"是园区开发的模式与精神,包含学习借鉴、与时俱进、开拓创新、致精求美,不断取人之长,不断超越自我,不断追求卓越的意境;"圆融、共赢"是园区发展的理念与追求,包含了开放融合、亲商为民、利益统筹,突出了中新合作双方和谐、产业和谐、区镇和谐、人和自然的和谐,体现了率先发展、科学发展、和谐发展的统一。

随着"园区经验"的培育形成和影响日益广泛,苏州内外的有识之士开始系统思考苏州改革开放以来快速崛起的成功经验。2001年6月,新华社稿件《思想的花朵更美丽》一文中,首次将苏州工业园区倡导和践行的"亲商理念",与已在全国传扬的"昆山之路""张家港精神"相提并论,并把它们概括总结为苏州20世纪90年代成功崛起中产生的三大主要发展经验和宝贵精神财富。2004年1月,苏州市委主要负责人在接受《新华日报》记者访谈时,首次将"张家港精神""昆山之路""亲商理念"这三者概括提炼为苏州制胜的"三大法宝"。同年11月召开的苏州市委九届八次全会,首次将"三大法宝"载入市委全委会的文件之中。之后,由于"园区经验"这一新概念得到广泛认同,在2005年11月中共苏州市委九届十次全会审议通过的《中共苏州市委关于制定国民经济和社会发展第十一个五年规划的建议》中,首次对"三大法宝"做了重新表述,提出:"进一步发扬'张家港精神''昆山之路''园区经验',塑造以创业创新创优为核心的新时期苏州精神。"由此,"园区经验"不仅在工业园区和各地开发区中互通共享,而且成为全市上下再创新业的共同宝贵经验。

园区最初规划手绘图

中共苏州市第八次代表大会是何时召开的?

中共苏州市第八次代表大会于1994年10月20日至23日胜利召开。出席会议的正式代表600名,代表全市291 776名党员。大会听取杨晓堂代表七届市委做的工作报告,听取周彩宝代表市纪委做的工作报告。大会审议同意这两个工作报告并做出了决议。大会选举产生市委委员39名,候补委员6名,组成中共苏州市第八届委员会。

大会认为,过去五年,市委团结带领全市共产党员和人民群众,解放思想,振奋精神,抓住机遇,奋发有为,胜利完成了市第七次党代会提出的各项任务。20世纪最后几年,是苏州经济社会发展的关键时期。大会提出,全市各级党组织要以高度的历史责任感和使命感,在邓小平建设有中国特色社会主义理论指引下,抓住机遇,深化改革,扩大开放,加快建立社会主义市场经济新体制,保持国民经济高效、协调、快速、持续发展,实现社会全面进步,为到20世纪末把苏州建设成为基本现代化的地区而努力奋斗。

10月23日,市委八届一次全会选举产生市委常委和书记、副书记,杨晓堂为市委书记。从此,在新一届市委的领导下,苏州踏上了加快改革、加快开放、加快发展、稳步确立竞争优势的新征程。

1994年10月20日至23日,中共苏州市第八次代表大会召开

苏州何时消灭了血吸虫病？

血吸虫病是一种在水网地区极易传播并对人体健康有严重危害的传染性疾病，被毛泽东称为"瘟神"。苏州历来是血吸虫病流行的重灾区，昆山、常熟、吴县被列为全国十大重点流行县。中华人民共和国成立后尤其是1955年，毛泽东发出"一定要消灭血吸虫病"的号召后，苏州各级党委政府把血吸虫病防治（简称"血防"）工作提上重要工作日程，采取专业工作与群众运动相结合、五措并举、隔几年组织一次会战的方法，开展了一场持之以恒、声势浩大的综合性防治运动，每年都投入大量人财物力，成为全市疾病防控中一项最重要的工作。1979年，苏州市及苏州地区所辖各县均基本达到消灭血吸虫病的标准。1992年，太仓市和常熟市率先达到消灭血吸虫病技术标准（即阻断传播）。1993年，昆山达到消灭血吸虫病标准。1994年，吴江和郊区完成血防达标。1995年，吴县市也达到消灭血吸虫病的标准。至此，全市流行血吸虫病的5个县市（张家港为非流行地区）及郊区全部达到消灭血吸虫病的标准。经过40多年的不懈努力，苏州人民终于送走了"瘟神"。

群众正在查灭河道里的钉螺

为什么说在 20 世纪 90 年代苏州经济发展实现了"内转外"的第二次历史性大跨越?

20 世纪 90 年代中期,苏州全市上下乘着邓小平南方谈话发展的强劲东风,紧紧抓住上海浦东开发开放、全球制造业梯度转移、国际资本向中国转移等有利机遇,坚定不移地实施"外向带动"战略。市和各级推行了一系列扩大开放、促进发展的重大举措,加快推进苏州经济国际化,整个开放型经济构筑起外资、外贸、外经"三外齐上、三外联动"的发展格局和全方位、多层次的开放格局,成功走出了一条"以外促内、内外互动"的崭新发展道路,加快了苏州经济腾飞的进程。即使是在遭受亚洲金融危机和国有企业面临发展困境的异常情况下,苏州仍然实现了全市国民生产总值 9 年增长 5 倍多的超常规、跳跃式发展。

20 世纪 90 年代中期,苏州加快发展开放型经济,坚持以开发区为龙头、以利用外资为重点。从 1992 年 8 月昆山经济技术开发区获"国批",到 1994 年 5 月苏州工业园区启动开发,再到 1995 年 10 月常熟农业综合开发区进入省级开发区序列,苏州共拥有 5 个国家级开发区、10 个省级开发区、130 个乡镇工业小区(经济小区),形成了门类齐全、层次不同、各具特色的开发区集群,从而构筑了以发展开放型经济为主要取向的新载体、大平台,开发区成为外商争取投资的"热土"、国际大公司和大制造商的"车间"、巨量产品推向国际市场的"基地",同时成为全市经济发展的主战场、增长极和排头兵。巨量外资的进入,大批外资企业的开办,有效解除了苏州自身缺乏资金、技术和高素质人才的"瓶颈"制约,使各项生产要素的投入呈几何级数增长,使全市经济尤其是工业经济总量猛增、结构优化、水平大为提升,并带动进出口贸易迅速翻番,苏州成为国际性的加工制造业基地。

20世纪90年代中期,苏州开放型经济发展突飞猛进,取得骄人业绩。2000年与1991年相比,全市实际利用外资额由1.19亿美元增至28.83亿美元;实有外商投资企业由795家增至7 572家,其中世界500强企业投资项目从无到有,累计达77个;进出口总额由3.8亿美元增至200.7亿美元,其中出口额由3.1亿美元增加到104.81亿美元;对外承包工程及劳务合作完成营业额由1 661万美元增至1.21亿美元;到境外投资兴办企业累计数由7家增至74家。

20世纪90年代,苏州"开放带动"效应日益凸显,开放型经济在全市经济中开始具有举足轻重的地位和作用。2000年,全市累计开业投产的外商投资企业达4 761家,全市3 112个规模型工业企业中外商投资企业占比超过31%,外商投资企业完成产值占全市规模以上工业总产值的49.4%,成为苏州工业的主体;全市经济出口依存度(按出口额占地区生产总值的比重计算,汇率按当年的1美元兑换8.6元人民币计算)高达58.5%,出口值占当年全市工农业总产值的比重达23.8%;全市财政收入的40%来自涉外税收,全社会固定资产投资的50%来自外商投资,城镇从业人员40%以上在外商投资企业工作。苏州开放型经济对全省、全国的贡献日益增大,地位不断上升。苏州实际利用外资额从1991年起始终保持全省各市第一的位次,苏州的进出口总额、出口总额从1996年起同时超越南京、名列全省第一。2000年,苏州的进出口总额在全国大中城市中名列第四,累计合同利用外资额、实际利用外资额分列全国大中城市第二、第四位。这些表明,开放型经济已成为苏州经济的重要新增长点和主要形态,苏州经济继在20世纪80年代实现"农转工"的第一次历史跨越后,在20世纪90年代又实现了"内转外"的第二次历史性大跨越,全市经济格局发生了由内向型经济为主向外向型经济为主的根本性转变。

1992年9月,首家国外跨国公司与中国高压开关行业合资兴办的苏州通用电气阿尔斯通开关有限公司成立

20世纪90年代苏州在深化与完善社会主义市场经济体制改革上主要做了哪些方面的探索?

20世纪90年代,苏州各级党委和政府按照中央部署,坚持以"三个有利于"为根本标准,以制度创新和充分发挥市场作用为主要取向,在转换企业经营机制和建立现代企业制度、培育市场体系、推进综合配套改革、转变政府职能和改善宏观调控、深化农村经济体制改革等几大领域,在世纪之交基本实现了从传统的计划经济体制向社会主义市场经济体制的根本转变。在农村,主要深化推进两方面的改革。一方面,创新和完善农村经营管理体制改革,主要包括彻底改革农产品统派购制度、完善和规范农村家庭联产承包责任制、规范涉农收费和减轻农民负担、推进农村集体资产营运体制改革、加强农民承包土地流转的规范管理、探索创建多种形式的新型农村合作经济等。另一方面,大力组织推进乡镇企业从转换经营机制到产权制度的改革,从1995年探索集体经济的最佳实现形式到1997年党的十五大后全面推行产权制度改革,改变原来"苏南模式"历史条件下乡镇企业的一套管理体制和运行方式,最后对全市近15 000家乡、村集体企业进行了民营化改制,在世纪之交建立起了符合社会主义市场经济体制要求的、以民营为主要特征的新体制、新机制。在城市,紧紧围绕"搞活企业"这一中心环节,坚持一手抓发展一手抓改革、以改革促发展的方针，从政府、主管局（公司）、企业三个层面同时着手，从转换经营机制到"抓大放小"，从建立现代企业制度再到企业产权制度改革，经过组织试点、全面推行、开展攻坚等不同阶段，不断推进市、县两级国有、集体企业的改革。到2000年，全市463家县属以上工业企业中有393家推行了产权制度改革，基本实现国有资本从一般竞争性领域和中小企业的退出。同时，全市社会保障制度改革、城镇住房制度改革、土地有偿使用制度改革、城区管理制度改革、促进民营经济加快发展结构的调整完善等其他各项经济体制改革和综合配套改革，也都按照建立社会主义市场经济体制的总方向、总目标，形成了体制改革的系统工程，实施了一系列涉及国家、集体、个人三者利益关系的政策调整，有效地促进了改革开放和现代化建设的顺利推进，促进了社会的发展和稳定。

苏州市委、市政府关于深化与完善社会主义市场经济体制改革的相关文件

苏州是何时初步成为国内先进制造业重要基地的?

20世纪90年代,苏州市委、市政府按照中央提出的实现经济体制和经济增长方式"两个根本性转变"的要求,除了不断深化企业改革,增强企业发展的动力和活力外,紧紧抓住工业结构调整优化这根主线,先后部署实施了市区工业"新兴工程"、县(市)工业"振兴工程"、区域性工业布局调整优化工程、扶优扶强工程、名牌培育工程、中小企业为大企业配套工程等重大工程,有效推动苏州工业化进程迈出了更加坚实的步伐。1992年,苏州工业总产值突破1 000亿元,超过北京、天津,晋升至仅次于上海的全国第2位;1996年、1999年分别跃过2 000亿元、3 000亿元,远远高于全省、全国的发展速度。2000年,全市规模以上工业中重工业产值首次超过轻工业,改写了苏州工业以轻纺工业为主的历史。同时,以高新技术为先导的电子信息、机电一体化、生物医药、精细化工、新型家电、新材料等六大新兴主导产业蓬勃发展。至2000年,全市形成了超微半导体、水晶振子、液晶显示器等20多个较大规模的高新技术产品生产基地,拥有高新技术产品1 300多个,其产值占全市工业总产值的25%,高新技术产品出口额占全市出口总额的36%。经济增长方式也开始走上从粗放型向集约型转变的轨道,逐步形成一个以高新技术产业为龙头、规模型企业为领头、名牌优势产品为拳头,传统产业和新兴产业、支柱产业和战略产业协调发展,并在国内外具有比较优势和实力地位的新型工业结构和现代工业体系,苏州逐步成为中国先进制造业的重要基地。

昆山成为国际重要的 IT 生产基地之一

苏州是何时成为全国首个国家卫生城市群的?

国家卫生城市是由全国爱卫会评选命名的国家最高等级卫生优秀城市。1990年,苏州市建立创建国家卫生城市领导小组,组织推进全市的创建工作。1994年7月,张家港市成为全省首个国家卫生城市。1995年5月,市委、市政府制定《关于加快创建卫生城市步伐,全面提高城乡卫生质量的决定》,明确了到2000年全市创建的目标任务和措施,并成立了由市四套班子和驻苏部队领导任组长的市创建领导小组和指挥部。经过全市上下的共同努力,苏州创建卫生城市工作不断取得新成果。1998年4月,苏州市区接受并通过全国爱卫会组织的国家卫生城市检查考核;5月,全国爱卫会正式发文,认为"苏州市在创建国家卫生城市工作中,领导高度重视,全民积极参与,依法治市,重视城市建设规划,加强基础设施建设,加快了古城改造步伐,不断改善环境质量,努力提高市民健康水平,取得显著成绩",命名苏州市为国家卫生城市。是年,吴江市也成功创建国家卫生城市。1999年,常熟市被正式命名为国家卫生城市。2000年,吴县、太仓两市双双跻身国家卫生城市行列,至此实现了苏州市区及6个县级市创建国家卫生城市"满堂红",建成了全国首个国家卫生城市群。

2000年,苏州市区及6个县级市创建国家卫生城市实现"满堂红",建成了全国首个国家卫生城市群

苏州古典园林是何时被列入《世界文化遗产名录》的?

1994年起,苏州开始紧张有序地开展苏州古典园林申报世界文化遗产的工作。1995年,国家有关部门破例将苏州古典园林列入中国预备名单,并于不久后将苏州古典园林与山西平遥古城、云南丽江古城同时提前列入1996年中国政府向联合国申报世界文化遗产的正式项目。1996年4月,市政府成立专门的领导小组及办公室,10月,市人大常委会通过了《苏州园林保护和管理条例》,后经省人大常委会批准后于1997年4月1日起实施,把古典园林的保护与管理进一步纳入法制化轨道。经过3年多的积极争取和艰苦努力,1997年12月召开的第21届联合国教科文组织世界遗产委员会会议批准以拙政园、留园、网师园、环秀山庄为典型例证的"苏州古典园林"列入《世界文化遗产名录》,成为中国第三批被列入世界文化遗产的3个项目之一。1998年起,苏州把争取古典园林群体列入世界文化遗产作为新目标,开始进行以沧浪亭、狮子林、艺圃、耦园、退思园作为扩展申报的工作。1999年年初,"苏州园林网"与联合国世界遗产中心实现了对接,这在国内21个世界遗产单位中是首家。2000年6月,苏州园林档案馆成立,成为全国第一个专业园林档案馆。11月,联合国教科文组织第24届世界遗产委员会会议正式批准沧浪亭、狮子林、艺圃、耦园、退思园等5座园林作为苏州古典园林的扩展项目正式列入《世界文化遗产名录》。作为中国古典园林精华和代表的9个苏州古典园林先后成功进入"世界文化遗产"行列,对苏州优秀传统文化保护、苏州古城保护起到了示范作用,极大地扩大、提升了古城苏州在世界上的知名度和美誉度,推动了苏州园林进一步走向世界,也使苏州园林在苏州旅游业中发挥出了更大的功效。

联合国教科文组织第28届世界遗产委员会在苏州召开

中共苏州市第九次代表大会是何时召开的?

中共苏州市第九次代表大会于 2001 年 8 月 28 日至 31 日召开。出席大会的正式代表 549 名，代表着全市 34 万多名党员。

这次大会，是苏州地方党组织在 21 世纪召开的第一次代表大会，也是在全党开始实施社会主义现代化建设第三步战略部署的新形势下召开的一次十分重要的代表大会。这次大会的主题是：高举邓小平理论伟大旗帜，全面贯彻"三个代表"重要思想，团结带领广大共产党员和干部群众，适应新形势，抓住新机遇，迎接新挑战，实现新跨越，为全面加快苏州现代化建设步伐而努力奋斗。

大会听取和审议了陈德铭代表八届市委做的工作报告和沈荣法代表市纪委所做的工作报告，认真回顾总结了市第八次党代会以来 7 年的工作和基本经验，明确了 21 世纪苏州市各级党组织和广大共产党员肩负的历史使命，提出了今后一个时期苏州市经济社会发展的目标任务，通过了关于市委、市纪委两个工作报告的决议。

这次大会根据党中央制定的我国社会主义现代化建设分三步走的战略部署和省委的要求，从苏州市已提前多年实现人民生活达到小康水平的第二步战略目标的实际出发，确定 21 世纪初头 10 年苏州的总体奋斗目标是：经济社会发展要再上一个新台阶，基本实现现代化。具体发展目标是：

全市人均国内生产总值到2005年超过5 000美元,到2010年超过8 000美元,达到世界同期中等收入国家平均水平,人民生活质量全面提高,生活水平达到富裕程度;努力把苏州建设成为国际新兴科技城市、社会主义法治城市、社会主义文化强市、最适宜人居和创业的城市、国家园林城市和健康城市。

大会选举产生了中共苏州市第九届委员会。接着举行的市委九届一次全会,选举常委13名,陈德铭为市委书记。

2001年8月28日至31日,中共苏州市第九次代表大会召开

苏州是何时明确提出推进农村"三大合作"改革的目标任务的?

所谓"三大合作"改革,是指在全面实行家庭承包经营责任制的新体制下,在农村集体资产、农民承包土地、农业生产经营等方面,通过合作或股份合作的形式,发展新型股份合作经济组织,促进富民强村的一系列政策措施的统称。一是社区股份合作制改革。主要是通过对村级集体经济组织开展产权制度改革,将农村集体资产(主要是经营性净资产)折股量化给农民(社员),实行民主管理、市场运作、按股分红,从而把原村级经济合作社改革成为村级股份合作社。二是土地股份合作制改革。主要是在稳定家庭经营制度和保障农户土地承包权的基础上,由农民自愿将承包土地入股,组建土地股份合作社,然后由合作社按市场化运作、开展适度规模经营,实行民主管理和按股分红,从而实现农民土地承包权与使用权、经营权的分离。三是农民专业合作经济组织建设。主要包括在农产品生产经营方面组建的专业性合作社,在农业和农村服务业方面组建的专业性合作社,以及投资于房屋租赁、物流服务业等方面的富民合作社(物业股份合作社)等多种形式。

2001年8月召开的中共苏州市第九次代表大会,在部署全面深化农村改革时,首次正式明确提出了推进农村"三大合作"改革的目标任务,提出:"在坚持农村土地承包经营权30年不变的前提下,本着群众自愿的原则,可以采取转包、入股等多种形式发展规模经营,允许土地使用权依法有偿转让。严格遵循《土地法》,建立规范、有序的土地使用制度和运作机制。""大力鼓励农村集体经济组织形式创新,要提倡和鼓励劳动者以劳动联合和资本联合的形式组建专业经济合作组织,试行和探索规范的社区股份合作制。"2001年8月,全市第一家规范化的农村社区股份合作社——木渎镇金星村股份合作社成立,标志着苏州农村的"三大合作"改革正式拉开序幕。

2001年8月,苏州市吴中区木渎镇金星村股份合作社成立

环古城风貌保护工程是何时部署的?

2001年8月,中共苏州市第九次代表大会召开,大会部署了"十五"期间苏州中心城市要实施包括"古城风貌保护工程"在内的十大工程。环古城风貌保护工程是以古城外城河为界面,在沿河两侧纵深100—150米范围内,建设集古城保护、市政交通、生态绿化、景观旅游、防洪排涝为一体的一项综合性基础设施工程。工程规划建设的主旨是:建成水上旅游、陆路交通、绿色生态三大系统,把环古城带建设成为苏州的历史画卷、绿色项链、黄金游线、景观精品、交通走廊和防洪屏障,真正达到保护古城风貌、改善生态环境、提高生活质量、缓解交通压力、促进旅游开发、推动结构调整、提升城市品位和功能、增强中心城市竞争力的综合目的。环古城风貌保护工程的着力点在于环古城河两侧的自然与人文相结合的景观规划和设计。规划建设贯彻落实"全面保护古城风貌"的原则,努力挖掘和利用环城绿带范围内的自然及人文景观资源,遵循"重点地段、重点处理、分段设景、各具特色"及"生态设计、多目标兼顾、文化保护"的设计原则。项目占地面积391.4公顷,整个工程分二期实施。一期工程于2002年5月在南门路试验段正式启动,二期工程于2003年7月开始实施,到2004年6月第28届世界遗产大会召开前夕竣工。

旨在塑造"东方水城"特色的环古城风貌保护工程于2004年竣工

78.
苏州是何时实行三港合一组建苏州港的？

苏州北部共有 150 多公里的长江岸线资源，具有通江达海、紧邻上海、腹地广阔的区位优势。1968 年交通部开发建设张家港港，拉开了苏州沿江港口建设的大幕，1983 年起实行由地方参与的双重领导体制。1992 年启动开发建设太仓港，1993 年启动开发建设常熟港。1995 年，苏州的这 3 个长江港口均被列为国家一类开放口岸。至 2001 年，3 个长江港口共建有万吨级以上码头 33 个，完成年货物吞吐量 3 532.5 万吨、集装箱 23.2 万标准箱，其中外贸货物吞吐量 1 349.6 万吨，位居全国内河港口第二位。为强化对全市沿江各港口开发建设的宏观规划、业务管理和工作指导，结合市级党政机关机构改革，2001 年，市委、市政府批准市交通局增挂"苏州港务管理局"牌子，新增全市长江港口管理职能。为理顺全市长江港口管理体制，充分发挥区位优势，融合长江岸线资源，创造港口崭新形象，促进沿江港口群的更好、更快发展，2002 年 5 月，根据国务院关于全国港口管理体制改革的决策部署，苏州市委、市政府从战略调度做出重要决策，决定按照"一城一港一政"原则，对张家港港、常熟港、太仓港实行三港合一，组建苏州港，原三个港统一更名为苏州港太仓港区、苏州港常熟港区、苏州港张家港港区；市政府成立"苏州港口管理委员会"，由市长担任主任。8 月 23 日，市政府召开苏州港口管理委员会第一次会议,正式对外推出"苏州港"新品牌。苏州沿江港口开发建设进入了一个崭新的阶段。2002年是苏州港运作的第一年,"三港合一"的整合发展模式呈现快速聚焦效应。3个港区的货物吞吐量增幅、外贸货物吞吐量增幅均超过全国主要港口的平均增幅。

太仓港

苏州公路交通进入现代化的"高速公路时代"的标志是什么?

1991年2月,国家决定在我国经济最为繁荣、城市最为密集的长江下游地区建设沪宁高速公路,并将其列入国家高速公路网主干线,这也是国家"八五"交通基础设施重点工程。1992年6月,在昆山举行江苏段开工典礼。苏州段全长70公里,东起昆山花桥镇,西至吴县东桥镇,总投资34.6亿元,双向4车道,工程历时4年多,1996年9月试通车。该工程荣获中国建筑业的最高奖项"鲁班奖"、高科技奖"詹天佑奖",以及中国科技进步一等奖。沪宁高速公路建成当年日均车流量达4万辆,提前4年实现世界银行专家的预测;至2003年,日车流量最高时已达6万多辆,超过原设计标准,沪宁高速公路成为我国最为繁忙的高速公路。苏州境内首条高速公路——沪宁高速公路的建成投用,标志苏州开始跨入了"高速公路时代",对苏州经济社会发展产生了多方面的巨大影响。苏州到上海只需40分钟,到南京2小时,大大缩短了与外界的时空距离,苏州段沿途的昆山经济技术开发区、苏州工业园区、苏州高新区、浒墅关经济开发区及太湖旅游度假区,依托这条交通大动脉,招商引资能力大为增强,开发建设步伐加快,使得苏州的区位优势进一步彰显,同时为以后高速公路的规划、建设起到了示范作用。

纵横交错的苏州高架桥

苏州是何时开始实施第一轮民营经济腾飞计划的?

2004年1月9日,市委、市政府做出《关于促进民营经济腾飞的决定》,通过鼓励民众自主创业和投资,放宽市场准入,鼓励民营企业开展跨地区、跨行业、跨所有制兼并联合,改进行政审批服务,保护民营经济合法权益,规范行政事业收费行为,禁止乱收费、乱罚款、乱摊派行为,加大对民营经济扶持力度,完善多元化创业投融资体系,增强各类创业载体能力,支持民营企业开拓市场,建立健全社会化服务体系,培育民营经济核心竞争力,引导民营企业进一步加强管理,打造一支与国际接轨的民营企业家队伍等措施,进一步解放思想、拓展思路,转变职能、依法行政,放宽领域、强化服务,营造环境、倡导氛围,调动人民群众崇尚创业、追求财富的积极性,引导和推动民营经济向经济规模化、产业高度化、经营国际化、布局合理化、资源节约化、人才集聚化方向迈进,促进民资与外资"比翼齐飞",加快构筑"三足鼎立"格局,使苏州成为江苏民营经济发展的"龙头"和全国民营经济发展的先进地区。其后,市政府相继出台《关于加快构建促进民营经济发展共性服务平台的意见》《关于全面提升民营经济发展载体功能的意见》《关于做大做强民营经济的意见》3个配套政策,理顺管理体系,有效改变了民营企业长期以来存在的管理缺位、错位状况,逐步形成市、市(县、区)二级融资担保网络体系。至2006年年底,全市民营投资首次超过外资,增幅高于外资和国有集体经济投资,苏州成为全国第5个私营企业超10万户的城市;民营经济腾飞计划"三年翻番"目标顺利实现,私营个体累计注册资本2 406亿元,3年增长1.5倍。

随着民营企业综合实力的增强,一批企业开始走出国门,开拓市场。图为吴江亨通集团印尼工厂的铝芯电缆生产线

平江、沧浪、金阊新城区是何时启动开发建设的?

2004年3月19日,市委、市政府印发《关于加快平江、沧浪、金阊新城区开发建设的实施意见》,明确三个新城区是苏州中心城市的重要组成部分。3月31日,开发建设动员大会召开,平江、沧浪、金阊新城区开发建设全面启动。

根据三个新城区的综合规划,平江新城区规划范围东至东环路,南至护城河,西至十字洋河,北至沪宁高速公路,规划用地面积约10平方公里(含火车站地区),建成以交通枢纽、商务商贸、生态居住为主要功能的城市副中心。

沧浪新城区规划范围东至盘蠡路,南至石湖风景区,西至京杭大运河,北至南环西路,规划用地面积约5平方公里,建成集创业、居住、商务、高科技研发和中试为主要功能的城市副中心。

金阊新城区规划范围东至苏虞张一级公路市区连接线,南至京杭大运河,西至虎丘区边界,北至沪宁高速公路,规划用地面积约11平方公里(含定销商品房规划用地),建成以服务于中心城区生产、生活的物流配送、仓储市场为主要功能的城市副中心。

建设中的平江新城

金阊新城规划效果俯视图

俯瞰沧浪新城

2006 年 4 月实施的"四大行动"计划的具体内容是什么？

2006 年 4 月 13 日，市委、市政府印发《关于实施"加强自主创新能力行动计划"等"四大行动计划"的通知》，提出实施"增强自主创新能力行动计划""推进经济结构调整和转变增长方式行动计划""建设社会主义新农村行动计划""提高市民文明素质行动计划"，推进苏州"十一五"期间经济社会持续快速协调健康发展。

"增强自主创新能力行动计划"以加强区域自主创新体系建设为核心，以推动优势产业和高新技术产业发展为重点，以创新观念、创新体制为先导，以优化自主创新环境为基础，以建设创新型城市为目标，着力提升全市自主创新能力和城市综合竞争力。

"推动经济结构调整和转变增长方式行动计划"以进一步优化三次产业结构、促进经济增长方式转变和经济质量提高、增强全市经济综合竞争力为主旨，提出要突出抓好自主创新、资源节约和环境保护三大重点，全力构建资源节约型和环境友好型城市，实现经济社会全面协调可持续发展；确定要在优化产业结构、做强规模经济、提升开放水平、壮大民营经济、提高竞争能力等 5 方面实现 20 项目标任务。

"建设社会主义新农村计划"提出"十一五"期间要在全市形成一批示范镇和示范村，使农村既保持鱼米之乡的田园风光，又呈现先进和谐的现代文明，逐步建成基础设施配套、功能区域分明、产业特色鲜明、生态环境优美、经济持续发展、农民生活富裕、农村社会文明、镇村管理民主的社会主义新农村。

"提高市民文明素质行动计划"以把广大市民培育成为与率先基本实现现代化相适应，具有较高思想道德素质、科学文化素质和健康素质的文明市民为目标，确定实施城市精神塑造、未成年人思想道德建设、新苏州人融合、城乡文明一体化等十大建设工程，使苏州社会整体发展水平、文明程度领先国内，基本接近中等发达国家城市水平。

苏州市委、市政府实施"四大行动计划"的相关文件

中共苏州市第十次代表大会是何时召开的?

中共苏州市第十次代表大会于 2006 年 9 月 8 日至 12 日召开。大会正式代表 550 名,代表全市 40 多万名党员。

大会的主要任务是:回顾总结市第九次党代会以来的工作,研究部署以后一个时期全市经济、政治、文化、社会和党的建设的目标任务,团结带领全市广大党员和干部群众,进一步解放思想、实事求是、与时俱进,坚持科学发展,建设和谐苏州,为率先基本实现现代化而努力奋斗。

大会听取和审议了王荣代表九届市委所做的工作报告。大会指出,以后 5 年是苏州巩固小康建设成果、提高小康建设水平、向率先基本实现现代化迈进的关键时期,全市各级党组织必须坚持以科学发展观统领全局,大力实施科教兴市、新型工业化、经济国际化、城乡现代化和可持续发展战略,着力推进经济结构调整和增长方式转变,着力增强自主创新能力,着力建设社会主义新农村,着力提高市民文明素质,加快打造先进制造业基地、人才集聚与投资创业高地、最佳人居之地及旅游休闲胜地,努力把苏州建成国内外具有较强竞争力和较大影响力的现代经济强市、文化教育名市、文明法治城市和社会和谐城市,力争到 2010 年总体达到省基本实现现代化要求,到 2020 年主要发展指标达到中等发达国家和地区水平。大会强调,坚持科学发展,建设和谐苏州,率先基本实现现代化,关键在于加强和改善党的领导。

大会选举产生了由51名委员组成的新一届市委,选举产生中共苏州市纪律检查委员会及出席中共江苏省第十一次代表大会的代表59名。大会号召,全市各级党组织和全体党员紧密团结在以胡锦涛为总书记的党中央周围,在省委领导下,高举邓小平理论和"三个代表"重要思想伟大旗帜,以科学发展观统领全局,与时俱进,开拓创新,扎实工作,为率先基本实现现代化而努力奋斗。接着举行的市委十届一次全会,选举常委13名,王荣当选为市委书记。

2006年9月8日至12日,中共苏州市第十次代表大会召开

苏州"四个百万亩" 绿色农业布局是如何规划与实施的?

2006年,为加快推进农业结构调整优化,切实保障基本农田、保护和稳定农业发展阵地、保持农业可持续发展,《苏州市"十一五"农业产业布局规划》首次明确提出建设"四个百万亩"农业生产基地,即百万亩优质水稻、百万亩特色水产、百万亩高效园艺、百万亩生态林地。2012年12月10日,苏州市政府出台《关于进一步保护和发展农业"四个百万亩"的实施意见的通知》,提出用2—3年时间,确保农业"四个百万亩"落实到位,总面积不低于410.56万亩。其中,优质水稻110.56万亩,特色水产100万亩,高效园艺100万亩,生态林地100万亩。到"十二五"末,全市农业增加值超过210亿元,粮食总产量达到10.5亿公斤以上,蔬菜自给率每年提高2个百分点,陆地森林覆盖率达到29%以上,高标准农田占比达到75%,亩均效益5 000元以上,高效农业面积占比达到50%。

2013年的全国"两会"上,习近平总书记在参加江苏代表团审议时,对苏州的这一做法给予高度肯定,指出:"苏州'四个百万亩'工程提出要保护老百姓的庄稼地,水稻田就是湿地,种水稻本身也是一方美景。"他嘱咐苏州干部:"要坚持不懈抓下去,让生态环境越来越好,为建设美丽中国做出贡献。"9月,苏州市委、市政府专门召开全市

落实"四个百万亩"工作推进会,明确要求410万亩生态空间在当年10月前全部完成落地上图。

常熟市辛庄镇万亩优质水稻示范基地

2006年确定的"苏州城市精神"是什么?

2006年11月,"崇文、融和、创新、致远"正式成为"苏州城市精神"主题词。苏州作为全国首批24个历史文化名城之一,是名副其实的人文荟萃之地,谓"崇文";苏州的发展体现了开放与包容并存、继承和创造统一,叫"融和";发展力求在创造和制造的基础上进行开拓,将苏州发展与研发紧密结合,称"创新";苏州更需要发扬着眼长远、勇往直前的奋进精神,抢抓机遇,抱着永不满足的积极心态争先发展,名"致远"。"苏州城市精神"主题词从酝酿、提炼到确定,前后历时3年多,是市委主导、市委宣传部和市文明办组织、广大市民和媒体积极参与、专家学者集体智慧的产物,既是对千百年来特别是改革开放以来苏州城乡大地上所呈现的人文精神的高度概括提炼,也是苏州人民共同开创美好明天的精神动力和支柱。

2013年5月,苏州市委常委会研究确定"苏州精神":崇文睿智、开放包容、争先创优、和谐致远。"崇文睿智",传承了吴地文化的精神品格,展现了新时期苏州以学习力、智慧力推动转型升级、科学发展的本质要求。"开放包容",反映了开放借鉴、兼容并蓄的精神气质,反映了新时期苏州以开放姿态和海纳百川胸怀博采众长,融合发展的鲜明特色。"争先创优",揭示了百尺竿头、更进一步的精神动力,显示了新时期苏州勇立潮头争创一流的价值追求。"和谐致远",体现了建设和谐幸福美丽新家园的精神追求,突出了新时期苏州在人与自然和谐、人与社会和谐以及人与人和谐中迈向更高境界的目标愿景。苏州精神,体现了苏州文化与城市精神的继承性、群众性和时代性,凝聚着全市上下的精气神,将鼓舞1 000多万新老苏州人为谱写好"中国梦"的苏州篇章而不懈奋斗,积极进取。

《苏州日报》关于"苏州城市精神"的报道

国务院是何时批准苏州城市快速轨道交通建设规划的?

2002年,苏州市正式启动了轨道交通线网的研究与规划。2007年2月,国务院批准《苏州市城市快速轨道交通建设规划》。2007年12月26日,苏州轨道交通一号线工程在乐桥站正式开工建设。经过四年多的建设,1号线于2012年4月提前开通,苏州成为国内首个建设轨道交通、首个开通轨道交通的地级市。到2019年12月,苏州又先后建成投运了2号线、2号线延伸线、4号线及支线和3号线共4条线路,运营里程达166.5公里,成为国内首个实现轨道交通网络化运营的地级市。

至2020年年底,苏州已获批了三轮轨道交通建设规划,累计批复了8条城市轨道交通线路和1条市域轨道交通线路,总里程350公里;除已投运的4条线外,其余5条线均已开工建设;其中,S1线是首条和上海轨道交通线网实现对接的线路,是苏州实施推进长三角一体化战略的前沿探索。到2024年左右,苏州轨道交通已批复的9条线路将全部建成,预计线网日均客流将超400万人次,轨道交通占苏州城市公共交通出行比例将接近一半。

苏州轨道交通运行车辆

苏州内环快速路是何时全线贯通的?

2007年12月,北环快速路建成通车,标志着苏州内环快速路全线贯通。为了缓解苏州城区交通压力,市委、市政府决定建设内环快速路。2003年2月28日,南环高架快速路的开工拉开了内环快速路建设的序幕。此后4年里,南环高架、西环高架、东环高架和北环高架快速路相继建成通车。为使城区与周边城镇的交通更加顺畅,从2006年起,内环快速路又以放射线的形式向8个方向延伸,首先实施的是全长9.3公里的南环快速路东延工程。苏州建成区内逐步形成了一个以古城区为核心的"井"字形快速路系统,古城内外的交往、绕过古城区都变得十分快捷。内环快速路的全线贯通及其延伸线的建设,使市内交通与市际交通实现了有序对接,加强了城市的运转效率,扩大了城市的辐射能力和吸引能力,提升了城市区位优势,加快了苏州的城乡一体化建设及经济社会的全面发展。

东南环立交

苏州是何时被确定为全省唯一的城乡一体化发展综合配套改革试点地区的？

2008年9月，省委、省政府批准苏州成为江苏省唯一的城乡一体化发展综合配套试点区，苏州制订城乡一体发展三年实施计划。2010年11月，国家发展和改革委员会发布公告，将苏州市开展的城乡一体化发展综合配套改革试点列为发改委的改革联系点，争取在重点领域和关键环节率先突破，为推动全国深化改革发挥示范带动作用。列为国家试点后，苏州各级将此项改革统揽"三农"工作全局，不仅加快推进城乡发展规划、资源要素配置、产业布局、基础设施、公共服务、劳动就业和社会管理一体化，而且始终坚持把改革创新贯穿城乡一体化发展的各个环节，以全面推进"三置换"（鼓励农户将集体资产所有权、土地承包经营权、宅基地及住房置换成股份合作社股权、城镇保障和住房）、"三集中"（推动农村工业企业向园区集中、农业用地向规模经营集中、农民居住向新型社区集中）和农村"三大合作"改革为重点抓手，推动城乡经济社会发展整合度不断提高。2011年，苏州农民人均纯收入17 226元，城乡收入比降低到1.93∶1，远低于全国3.13∶1、江苏省2.44∶1的平均水平，成为全省、全国城乡居民收入差距最小的地区之一；全市农村工业企业向园区集中的比例达88%，农民集中居住率达43%，土地规模经营比例达80%，农保转城保累计达68万人，农村"三大合作"组织累计达3 497家，农村集体资产达1 050亿元，村均集体收入达503万元。这些都是苏州城乡发展一体化成果的重要体现。

农村老人喜获养老金

苏州是何时荣获"全国文明城市"称号的?

2009年1月20日,全国精神文明建设工作表彰大会在京召开,中央精神文明建设指导委员会授予14个城市(区)全国文明城市(区)荣誉称号,苏州市被命名为"全国文明城市",继续保留张家港市等10个城市(区)的全国文明城市(区)荣誉称号。这是自2005年命名第一批12个全国文明城市(区)之后,表彰的第二批全国文明城市(区)。"全国文明城市"是中央精神文明建设指导委员会授予积极开展创建文明城市活动,物质文明、精神文明、政治文明、社会文明、生态文明建设协调发展,精神文明建设成绩突出,能够在全国发挥示范作用的城市的荣誉称号,是在城市各种评选中影响最大、群众参与面最广、关注度最高、分量最重的评选。苏州成为全国唯一的同时拥有地级市和县级市"全国文明城市"称号的城市。这也是国家有关部门对苏州在1998年被命名为"国家卫生城市"后迅即投入创建"全国文明城市"活动、持续10年不懈努力工作的充分肯定,是苏州市经济社会全面协调发展的一个重要标志。2020年11月20日,太仓市、昆山市荣获第六届"全国文明城市"称号,苏州市、张家港市、常熟市继续保留"全国文明城市"荣誉称号,苏州实现全国文明城市"全域化""满堂红","社会文明程度高"再谱新篇。

志愿者维护交通秩序

中共苏州市第十一次代表大会是何时召开的？

中共苏州市第十一次代表大会于2011年9月15日至19日召开。大会正式代表564名，代表全市47万多名党员。

这次大会是苏州在加快推进"两个率先"、全面建设"三区三城"的关键时期召开的一次承前启后、继往开来的重要会议。大会的主要任务是回顾总结市第十次党代会以来的工作，研究部署以后5年全市经济、政治、文化、社会、生态文明建设和党的建设的目标任务，团结带领全市广大党员和干部群众为率先基本实现现代化而努力奋斗。

大会审议通过了蒋宏坤代表十届市委所做的工作报告。大会明确，以后5年苏州经济社会发展的总体要求是"建设宜居新苏州、打造创业新天堂、共筑幸福新家园"，具体目标要实现经济综合实力、科技创新能力、城乡一体化水平、社会和谐程度、人居生态环境和人民幸福指数走在全国前列。大会强调，建设"三区三城"、率先基本实现现代化，关键在于加强和改善党的领导。大会选举产生了由51名委员组成的新一届市委，选举产生中共苏州市纪律检查委员会及出席中共江苏省第十二次代表大会的代表59名。

大会号召，全市各级党组织和全体党员更加紧密地团结在以胡锦涛为总书记的党中央周围，在省委的正确领导下，高举中国特色社会主义伟大旗帜，坚持以邓小平理论和"三个代表"重要思想为指导，深入贯彻落实科学发展观,团结和带领全市人民,振奋精神,务实拼搏,共同开创苏州更加灿烂的明天。随后举行的市委十一届一次全会,选举常委13名,蒋宏坤为市委书记。

2011年9月5日至9日,中共苏州市第十一次代表大会召开

进入 21 世纪以来苏州经历了几次区划调整?

2001年2月,苏州市委、市政府正式公布撤销吴县市,分别设立吴中区、相城区。分设后的吴中区辖原吴县市的长桥等15个镇,行政区域面积767平方公里,人口58.46万人,区政府驻长桥镇;相城区辖原吴县市的陆慕等12个镇,行政区域面积490平方公里,人口37.94万人,区政府驻陆慕镇。行政区划调整后,苏州市市区土地面积扩大到1 649.72平方公里,人口207.2万人。

2002年9月,苏州市委、市政府对新区、虎丘区、相城区、吴中区等进行了区划调整,将虎丘区虎丘镇和白洋湾街道及横塘镇的部分村划出,由相城区和吴中区划入通安镇和东渚镇、镇湖街道,建立苏州高新区、虎丘区,实行"两块牌子,一套班子"。

2012年9月,经国务院、省政府批复同意,撤销苏州市沧浪区、平江区、金阊区,设立苏州市姑苏区,以原沧浪区、平江区、金阊区的行政区域为姑苏区的行政区域;撤销县级吴江市,设立苏州市吴江区,以原县级吴江市行政区域为吴江区的行政区域。此轮区划调整的最大目标就是要做大做强苏州中心城市,从人口、经济、产业、科技、人才和文化等方面全面提高中心城市的首位度。从指标来看,区划调整后,新市区大部分的经济社会指标占全市的比重都将超过50%。江苏省政府同时还批复同意建立苏州国家历史文化名城保护区。批复明确保护区的管理范围与姑苏区的行政区划范围相一致。该保护区是全国众多国家历史文化名城中，第一个以整个古城区为保护范围和对象、经省政府批准的国家级历史文化名城保护区，有着很好的探索与示范效应。

经过多次优化调整，苏州形成"四市六区"的城市格局，东邻上海、南连浙江、西傍太湖、北枕长江，全市总面积8 657.32平方公里，2020年年末全市户籍人口约744.3万人。

2012年9月，苏州市撤销沧浪区、平江区、金阊区，设立姑苏区

中共苏州市第十二次代表大会是何时召开的？

中共苏州市第十二次代表大会于2016年9月26日至30日召开。出席大会的正式代表563名，代表着全市54万多名党员。

大会听取和审议了周乃翔代表十一届市委做的工作报告。确定以后5年苏州工作的指导思想是：高举中国特色社会主义伟大旗帜，以邓小平理论、"三个代表"重要思想、科学发展观为指导，深入贯彻落实习近平总书记系列重要讲话特别是视察江苏重要讲话精神，紧紧围绕"五位一体"总体布局和"四个全面"战略布局，自觉践行创新、协调、绿色、开放、共享新发展理念，积极适应和引领经济发展新常态，扎实推进供给侧结构性改革，大力实施创新驱动、民生优先、生态改善、城乡一体、开放提升、文化繁荣战略，高水平全面建成小康社会，为探索开启基本实现现代化新征程打下坚实基础，努力争当建设"强富美高"新江苏先行军排头兵，谱写好伟大中国梦的苏州篇章。

大会选举产生中共苏州市第十二届委员会委员55名、市纪律检查委员会委员35名和出席中共江苏省第十三次代表大会的代表59名、中共苏州市第十二届委员会候补委员11名。随后召开的市委十二届一次全会，选举常委13名，周乃翔为市委书记。

2016年9月26日至30日,中共苏州市第十二次代会大会召开

2016年提出的"创新四问"具体内容是什么？2017年提出的"两个标杆"与"四个名城"具体内容是什么？

2016年11月，江苏省委书记李强在参加江苏省第十三次党代会苏州代表团审议时，专门就创新向苏州提出四个方面的问题，即"创新四问"：在全省创新格局中，怎样发挥引领性作用？在推进自主创新中，怎样追求原创性成果？在全面提升创新水平的基础上，怎样打造标志性品牌？在创新生态系统的打造上，怎样更好地体现苏州的开放性、包容性？

2017年9月，省委常委会会议专题研究苏州市工作，明确要求苏州在更高的坐标系中勇当"两个标杆"。这是对苏州工作提出的全新要求。9月30日，苏州市委召开贯彻落实省委常委会专题研究苏州市工作会议精神部署会，提出要按照省委常委会会议决策部署特别是省委书记李强的最新要求，承担勇当"两个标杆"新使命，开启建设"四个名城"新征程。"两个标杆"是指苏州不仅要成为高水平全面建成小康社会的标杆，而且要成为探索具有时代特征、江苏特点的中国特色社会主义现代化道路的标杆。"四个名城"是指将苏州建成具有国际竞争力的现代产业名城、开放包容的创新创业名城、富裕文明的美丽宜居名城、古今辉映的历史文化名城。

《苏州日报》刊发《探索实践"两个标杆""四个名城"的苏州之路》文章

94.

苏州获得过多少次全国社会治安综合治理优秀城市称号和"长安杯"？

从1992年至今，苏州在全国社会治安综合治理优秀城市评定中实现"六连冠"、三捧"长安杯"。全国社会治安综合治理优秀城市是中央在政法综治维稳领域设立的最高综合性奖项，也是彰显城市美誉度、社会和谐度、群众满意度的重要"金字招牌"，由中央社会治安综合治理委员会、中央组织部、国家人力资源和社会保障部每四年评选一次。全国社会治安综合治理工作的最高奖项"长安杯"，是公安领域的最高荣誉，是中央对一个城市平安建设、社会治理创新、和谐社会建设及发展软环境等综合水平的最高褒奖，只有连续三届（每四年一届）被评为全国社会治安综合治理优秀城市才有参评资格，是我国综合治理领域时间跨度最长、涵盖内容最多的一项综合考评。这意味着要连续12年都站在优秀城市这个位置上才有资格拿到"长安杯"。

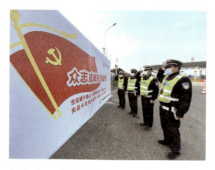

抗击新冠肺炎疫情期间，常熟白茆高速道口成立疫情防控临时党支部，守护苏州的安全

苏州是何时完成市县两级监察委员会的组建的?

以习近平同志为核心的党中央做出深化国家监察体制改革的重大决策部署,党的十九大对深化国家监察体制改革再动员、再部署,指出:"深化国家监察体制改革,将试点工作在全国推开,组建国家、省、市、县监察委员会,同党的纪律检查机关合署办公,实现对所有行使公权力的公职人员监察全覆盖。"2017年11月4日,十二届全国人大常委会第三十次会议通过关于在全国各地推开国家监察体制改革试点工作的决定。苏州市各级纪检监察机关深化监察体制改革,逐步构建纪律监督、监察监督、派驻监督、巡察监督"四个全覆盖"的权力监督格局。2018年1月15日,苏州市监察委员会正式揭牌,在全省率先完成市县两级监察委员会组建。市、县两级纪委、监委完成监督检查和审查调查部门分设工作,形成监督检查、审查调查、案件监督管理、案件审理相对分离的权力制衡格局。实现县级监察委员会向乡镇(街道)派出监察员办公室全覆盖,在全省率先实现对镇(街道)巡察全覆盖。2018年11月14日,苏州工业园区监察工作委员会正式揭牌成立,成为全市首家省级以上开发区监察工委、全省首批开发区监察工委。

苏州市监察委员会揭牌大会现场

服务业是何时成为苏州市国民经济的第一大产业的?

2018年,苏州市服务业增加值占地区生产总值的比重为50.8%,对地区生产总值的贡献率为61.3%,成为苏州市国民经济的第一大产业。改革开放为苏州市服务业发展注入强大动力。1978—2012年,苏州市服务业增加值从5.18亿元增长到5 358.54亿元,增加值占比从16.2%扩大到43.9%,1993年服务业增加值超百亿元,2004年跃上千亿元,2012年突破5 000亿元。党的十八大以来,苏州市委、市政府坚决贯彻落实党中央、国务院相关决策部署,高度重视服务业发展,相继出台一系列政策措施加快培育服务业新经济、新动能,大数据、平台经济、生产性服务业等蓬勃发展,服务业发展进入新阶段。2019年,全市服务业增加值增长到9 908.9亿元。2015年全市服务业增加值占地区生产总值比重首次超过第二产业,苏州经济结构实现了由"二三一"向"三二一"的重大历史性转变;2016年比重首次超过50%,成为国民经济的"半壁江山"。

盛泽东方纺织城

苏州是何时成为全国第一个"国家生态园林城市"全覆盖的设区市的?

2020年1月22日,住房和城乡建设部公布的2019年8个"国家生态园林城市"中,太仓位列其中。至此,苏州市成为全国第一个"国家生态园林城市"全覆盖的设区市,在全国率先建成"国家生态园林城市群"。

2001年至2006年,苏州市及下辖的四个县级市先后成为国家园林城市,在全国率先实现国家园林城市群。2004年,国家建设部下发《关于印发创建"国家生态园林城市"实施意见的通知》。"国家生态园林城市"是国家园林城市的更高层次,是目前国内城市园林绿化建设标准最高的一项创建活动。2005年,苏州全面启动"国家生态园林城市"创建工作,并将其列入苏州"十一五"经济社会发展规划和市第十次党代会的奋斗目标。2007年,苏州市及下辖的常熟市、昆山市、张家港市被建设部列为"创建国家生态园林城市试点城市"。2016年1月,苏州市及下辖的昆山市被命名为首批"国家生态园林城市";2017年10月,苏州市下辖的常熟市、张家港市被命名为第二批"国家生态园林城市"。

张家港暨阳湖全景

苏州推动产业数字化有哪些部署安排?

习近平总书记强调要"构建以数据为关键要素的数字经济,加快建设数字中国"。党的十九届五中全会对"加快数字化发展"提出明确要求。江苏省委十三届九次全会提出,"全面强化数字赋能,率先构建起现代化的强劲经济支撑"。2021年1月4日,苏州以新年第一会的方式,就抢占数字经济竞争制高点做出部署安排。

一是强化政策支持。出台《关于推进制造业智能化改造和数字化转型的若干措施》等一系列政策文件,创新提出智能化改造贴息奖励支持,计划用三年时间实现全市规上企业的智能化改造和数字化转型全覆盖,今年完成5 000个改造项目。

二是精准诊断服务。针对企业因为"缺方案",导致"不敢转"的难题,通过政府购买服务方式,为企业提供智能车间(工厂)诊断。通过专家深入工位、产线、车间一线的"入驻式"服务,推动智能制造技术资源与企业深度对接,带动企业加大技改投资力度。

三是催生示范带动效应。2021年建成20个省、市级示范智能工厂,引领企业智能化发展。鼓励博世等示范企业依托自身技术优势,输出解决方案和智能化改造经验,放大"溢出效应","以点带面"引领行业应用。

四是坚持目标绩效导向。针对数字化转型投入"成本高""不愿转"的问题,对实施企业和服务机构给予补贴,降低改造成本。依托国家级工业互联网平台创新体验中心,分行业、分领域组织解决方案供需对接活动,让企业找得到服务、服务商找得到客户。

五是提升数字化应用水平。针对企业新老设备"串联难""不能转"的困境,2021年通过政府招标,选择有能力的优秀数据服务商,为1 000家企业提供数据采集、分析、输出等服务。支持工业企业核心业务系统和重点设备"上云上平台",加大企业上云的扶持覆盖面和补贴力度,让中小企业上得起、用得好。

六是加快网络设施建设。加快推进5G基站建设和全光纤网络部署,2021年累计建成2.6万个,2022年实现全覆盖。打造一批可复制的"5G+工业互联网"样板工程和典型场景,争创国家"5G+工业互联网"融合应用先导区,让企业智能化改造和数字化转型的基础更牢、速度更快。

苏州市数字经济和数字化发展推进大会现场

苏州是如何全面打响"江南文化"品牌，提升文化产业的？

苏州坚决贯彻习近平同志"要像爱惜自己的生命一样保护好城市历史文化遗产"重要指示精神，始终将丰富的历史文化遗产视为苏州最珍贵的金色名片，在保护中发展、在发展中保护，全面打响"江南文化"品牌，加快实施文化产业倍增计划，文化产业增加值占地区生产总值的比重较"十三五"末翻一番，加快锻造属于自己的文化软实力和核心竞争力。一是持续推进古城保护更新。实施苏州历史文化名城保护三年滚动计划，充分发挥"姑苏·古城保护与发展基金"撬动作用，鼓励更多社会资本投入，吸引更多海内外艺术家、设计师集聚，共同推动古城历史文化资源的活化利用、有机更新。二是全力打造重点文化地标。加快落实《"江南文化"品牌塑造三年行动计划》十大工程66个项目，特别是精心打造"运河十景"高标准实施沿线码头改造，把大运河苏州段建设成为"最精彩一段"。三是推动科技赋能文化。加强与各大互联网平台合作，发展移动多媒体、网络视听等新型文化业态，推动规上文化企业、主板上市文化企业数量翻番，打造具有区域影响力、引领数字文化产业发展的产业集群，建设1-2个国家数字文化产业示范项目。四是促进文旅深度融合。苏州正推进全域旅游发展，以古城为"核"、古镇古村为"支点"，统筹整合文旅

资源，推出文旅接轨服务上海一揽子方案，打响"四季苏州、最是江南"旅游品牌，争创国家级全域旅游示范区。

中共苏州市委办公室文件

苏委办发〔2021〕3号

市委办公室 市政府办公室 关于印发《"江南文化"品牌塑造三年 行动计划》的通知

各县级市（区）党委和人民政府，苏州工业园区、苏州高新区、太仓港口党工委和管委会；市委各部委办局，市各委办局，市各人民团体，各大专院校和直属单位：

《"江南文化"品牌塑造三年行动计划》已经市委常委会会议审议通过，现印发给你们，请结合实际，认真贯彻落实。

中共苏州市委办公室
苏州市人民政府办公室
2021年1月7日

苏州市委办公室、市政府办公室关于印发《"江南文化"品牌塑造三年行动计划》的通知

苏州的"十四五"经济社会发展目标是什么？2035年远景目标是什么？

1983年邓小平同志在苏州印证"小康构想"，习近平同志多次对苏州提出殷切期望，党的十九届五中全会闭幕不久，习近平总书记首次到地方视察就来到江苏，对江苏省提出"在改革创新、推动高质量发展上争当表率，在服务全国构建新发展格局上争做示范，在率先实现社会主义现代化上走在前列"的新使命、新要求，这是苏州现代化建设的总纲领、总命题、总要求，是苏州谋划"十四五"发展的重大战略指引和根本行动遵循。

"十四五"时期，苏州经济社会发展的总体目标：高质量经济迈出更大步伐、高品质生活实现更优提升、高颜值城市展现更美形态、高效能治理取得更新突破、高质量经济迈出更大步伐。综合实力和竞争力进一步增强，经济密度和质量效益全面提升，基本建成制造业和服务业国际化、高质量特征更加鲜明的产业体系。先进制造业在产业结构中的主体地位进一步巩固，与制造业升级和新兴产业培育相适应的生产性服务业发展取得突破。科技创新能力显著提升，传统产业转型升级、制造业智能化改造和数字化转型深入推进，产业基础高级化和产业链现代化水平明显提高，重点产业链进入全球价值链中高端。全社会研发经费支出占地区生产总值、全要素生产率全面提高。营商环境达到国际一流,更高水平开放型经济新体制进一步健全,内外需结构调整优化,有效投入持续增加,消费成为经济增长重要拉动力。文化产业成为支柱产业,基本建成具有国际知名度、国内影响力的文化产业重要中心城市。高品质生活实现更优提升。居民收入增幅和经济增长基本同步,收入差距逐步缩小,中等收入群体比重增加。公共服务体系优质均等化水平显著提升,高质量就业更加充分,教育现代化水平持续提升,多层次社会保障体系更加健全,卫生健康体系更加完善。"苏式生活"内涵丰富、品位提升和影响力彰显。社会大局持续稳定,人民群众生命安全、身体健康、安居乐业、精神文化切实得到更好保障。高颜值城市展现更美形态。城市功能展现更靓形态,"美丽苏州"建设的空间布局、发展路径、动力机制基本形成,生态环境质量、城乡人居品质、绿色经济发展活力位居全省全国前列。主要污染物排放总量持续减少,能源资源配置更加合理、利用效率提高,碳排放强度呈现下降,生态环境质量不断改善,生态系统质量稳步提升,生态安全屏障更加牢固。苏州国家历史文化名城保护示范区焕然一新,瑰丽古城引人入胜,"河街相邻·水陆并行"的双棋盘保护格局基本完好。长三角生态绿色一体化发展示范区初步建成"世界级滨水人居文明典范"。大运河苏州段基本建成大运河文化带"最精彩的一段"。高效能治理取得更新突破。系统治理、依法治理、综合治理、源头治理能力和水平有效提升，制度优势更好地转化为治理效能。社会主义民主法治更加健全，社会公平正义进一步彰显，法治城市、法治政府、法治社会率先基本建成，政府行政效率、服务水平和公信力显著提升。社会主义核心价值观深入人心，社会文明程度得到新提高，文明城市建设全域化基础更加牢固，公共文化服务体系更加健全，"江南文化"品牌标识度充分彰显，全社会文化自信自觉达到新高度。社会治理特别是基层治理水平明显提高，防范和化解重大风险体制机制健全，突发公共事件应急能力显著增强。

2035年远景目标：到2035年，苏州经济强、百姓富、环境美、社会文明程度高的发展内涵全面提升，"争当表率、争做示范、走在前列"的目标要求如期实现，基本建成创新之城、开放之城、人文之城、生态之城、宜居之城、善治之城，高水平建成充分展现"强富美高"新图景的社会主义现代化强市、国家历史文化名城、著名风景旅游城市、长三角重要中心城市，为建设世界级城市群做出积极贡献。截至2035年，全市人均地区生产总值在2020年基础上实现翻一番，居民收入增幅与经济增长保持同步，人均收入和消费能力达到发达国家水平。经济综合实力迈入全球先进城市行列，城市软实力全面增强，城市能级和核心竞争力全面提升。建成现代化经济体系，更多关键核心技术自主可控，在全球产业链、价值链、供应链中的地位更加突出，主要创新指标保持国家创新型城市前列。更高水平的开放型经济体制成熟稳定,成为深度融入经济全球化的全国典范。城乡融合发展和区域协调发展水平继续领跑全国,中心城市服务带动能力显著增强,县域经济综合实力最强市(县)地位稳固,率先实现高水平农业农村现代化。人民群众对美好生活的需求得到更充分的满足。中等收入群体显著扩大,人民生活更为富裕。人的全面发展更为充分,基本公共服务均等化覆盖全部常住人口,率先实现教育现代化。生态环境根本好转,绿色低碳发展卓有成效,建成"美丽中国"标杆城市。社会文明程度达到新高度,率先建成"文化强市"。市域治理体系和治理能力现代化基本实现并走在全国前列。

苏州金鸡湖夜景

后 记

在中国共产党成立 100 周年之际，我们谨将《苏州地方党史知识百题问答》奉献给广大读者。

如果要把苏州做个比喻，很多人喜欢用"双面绣"来形容。一面为大家津津乐道，温文尔雅、秀外慧中。这里有昆曲、评弹的浅吟低唱，有江南园林的清旷迂回。但另一面则好像不那么为人熟知，那是"先天下之忧而忧，后天下之乐而乐""天下兴亡，匹夫有责"的家国情怀，而这种精神，在中国共产党成立发展的百年历史中有着集中的体现。

《苏州地方党史知识百题问答》作为一本党史普及读物，通过问答的形式，简要介绍了中国共产党成立 100 年来，苏州党组织带领广大人民进行社会主义革命、建设和改革开放取得伟大成就的历史，在追忆百年历史、品读党史故事中，传承红色基因、砥砺奋进初心。

本书的编写在中共苏州市委党史工作办公室的领导下进行。盛震莺、王春华等同志参加了编著工作，盛震莺对全书进行修改、统稿，陈波副主任主持书稿的编著和审定工作，朱江主任审定了全部书稿。徐志强、汤伟为本书提供了部分图片资料。本书在修改过程中，得到了市委党史工办原主任姚福年、邓正发和原副主任周建平的指点和帮助。苏州大学出版社的领导和编辑为本书的出版提供了支持和帮助，付出了辛勤的劳动，在此一并表示衷心的感谢。

由于编著者能力水平所限，书中存在的不当和不完善之处，恳请广大读者批评指正。

编著者

2021 年 5 月 31 日